新装版　The Cities = New illustrated series

# 中世都市

# PLANNING AND CITIES
General Editor
GEORGE R. COLLINS, Columbia University

Medieval Cities by Howard Saalman
Copyright © 1968 by George Braziller, Inc.
Published 1983 in Japan by Inoue Shoin, Inc.
Japanese translation rights arranged with George Braziller, Inc., New York
through Tuttle-Mori Agency, Inc., Tokyo

# 監修者まえがき

　都市，都市の物理的形態，人類が考え出した都市計画の理論，こういったものの歴史をたどることは，世界的規模で都市が危機にひんしている現代の私たちにとって，文化史の一面として意味深い。あきらかに，今日，現代都市に生きる私たちの直面する問題の大きさと多様さは，過去のいかなる文明のそれよりも限りなく大きい。にもかかわらず，かつての時代・地域の都市構造とか都市の理想を調べて，それらが都市をつくっていった社会の働きとどのように関連していたかを確認する作業は現代の私たちがおかれた情況を明らかにしてくれるはずである。

　都市の歴史についてのさまざまな側面を取り扱うこと，それを効率的にかつ深くすすめることがこのシリーズにおける私たちの願いである。そのために，各巻に専門家を招いた。それら専門家たちは，彼ら自身の専門領域の中で見通しのきく格好の場所へ私たちを導びき，その個人的情熱から大いに啓発してくれるはずである。

　そこで，私たちは，これから通観していこうとするたくさんの項目を，時代と地域，理論とモデル，偉大な都市計画家などに分類することにした。また，著者たちには，おのおのテーマのもと，構造的・建築的・形態的要素について特に詳しく触れるようにお願いした。これらの要素が現代都市の急速な成長の中で考慮されていないように思われることと，学生やこの問題に興味をもつ一般の人々がこれらの課題を扱っている都市史の文献に今のところ，容易に触れるのが難しいということが理由である。

　本シリーズは，時代と地域に関する分野からはじめる。この，歴史を通観する作業では，未開社会の集落パターンや中世ヨーロッパの都市再生にみられるような都市計画プロセスのルーツから，バロックの専制君主や現代のシステム分析家達による最も技巧を凝らした方法にまで及ぶ予定である。

G. R. C.

# まえがき

本書は中世都市の概説書ではない。胚胎期から成熟期に至る中世都市の歴史をトレースしようとするものでなければ，中世都市を構成するあらゆる要素の起源を明らかにしようとするものでもない。

ここで試みるのは，次の諸点について批判的に目を通すことである。中世都市とは何であるか，何であったかについて。特徴的な構成要素となる構造物と空地について。都市という複合体に形を与えた社会的・政治的諸力について。

私は，ある都市と他の都市とを区別する無限の多様性についてではなく，中世都市に共通する一般的特徴を述べることに力点をおいた。都市の起源および初期の発展（胚胎期における）に関する問題は，短い文章で扱うには複雑すぎる。イスラムの都市については，このシリーズの別の巻で扱われるだろう[1]。理想都市の問題が提起する疑問は，本書の視野からははずされている。

本書の図版についてはかりしれない助力をいただいた出版社と監修者に感謝の意を表したい。

カーネギー・メロン・ユニヴァーシティ<br>
ペンシルヴァニア州，ピッツバーグ　　H. S.

1) 1983年現在では，まだ発刊されていない。

# 目　次

定義——都市とは——————————————————7
背景——ローマの都市と文化——————————————8
間奏曲——カロリング朝時代——————————————13
11世紀初めごろ——中世都市のあけぼの————————17
前提——中世都市の空間を理解するために————————19
フォブール——中世都市発展の核————————————22
　壁について—その1————————————————22
　壁について—その2————————————————23
　フォブールの政治学————————————————25
　橋頭堡——————————————————————26
私有空間と公共空間のせめぎあい——都市形態はいかにしてきまるか——69
　都市に働く2つの力————————————————69
　なぜ規則的な形にならなかったのか—————————70
　私有空間に侵食される公共空間—街路————————71
　公共空間の力がまさる場合—ラルゴ—————————72
　市場広場の形成—特にテュービンゲンとパリを例として——73
施設と都市の規模————————————————————88
　公共建物—————————————————————88
　カテドラル————————————————————90
　教区——————————————————————90
　托鉢修道会————————————————————91
　ホスピスとホスピタル———————————————92
　大学——————————————————————93
都市と反都市——中世都市を解体させた反都市的要素————96
　封建諸侯と都市——————————————————96
　衰退——————————————————————97
付録1　計画都市——————————————————105
付録2　文献ノート——————————————————106
原注———————————————————————107
参考文献—————————————————————111
図版出典リスト——————————————————114
訳者あとがき———————————————————115
索引———————————————————————117

## 定義──都市とは

都市とは，物資とサービスの生産および交換のための道具である。
都市については，このほか，人々が生活し・学び・働き・信仰し・子供を育てる場所だという定義，あるいは不思議な力・恐しいこと・美しさ・醜さのそなわったところ，といったとらえ方ができるかもしれない。しかし，このようなとらえ方は，都市に限らずともほかの場所でもあてはまる。原っぱでも，山の頂でも，洞窟でも。つまり，ここに並べたような属性は，都市の基本的な機能に従属する二義的なものであるにすぎない。
都市の基本的な性格・意味についての理解を誤ると，必然的に中世都市をも見誤ってしまう。たとえば中世都市は，街路が不規則で日あたりが悪く，緑や公園がなく，過密で不衛生で，要するに住むのに良い場所ではないと言われてきた。一方では，そのような性格が，同時に「チャーミング」「カラフル」「ロマンチック」などと受けとられてきた。しかし，このような見方はすべて的はずれである。もっとも，次のような議論はなりたちうる。中世都市が，物質とサービスの生産および交換という第一義的機能を果たすための道具としていっそうすぐれたものとなったのは，こういった質があったからこそなのだ，と。
つまり，中世都市の良し悪しを判断することが私たちの関心ではない。中世都市の理解に努めることが肝心なのである。最もよく知られ，最もよく機能していた中世都市が過密だったという事実から判明することは，これら中世都市が成功していたということだけである。反対に，都市の失敗を示す指標としては，人口減少という基準が唯一あるだけなのである。

# 背景——ローマの都市と文化

西ヨーロッパでは，10世紀および11世紀になると新しく都市化と工業化が始まる。その歴史の流れは，地中海沿岸において紀元前6世紀に始まりローマ帝国時代の都市で頂点に達したプロセスとよく似ており，それとの比較で考えると大変わかりやすい。ここで，工業化とは機械化と同義ではないという点を指摘しておくべきだろう。

工業化とは，物資とサービスの生産および分配が，組織化されたプロセスで行われることを意味する。秩序と組織の才はローマ人国家のまさしく基本であった。遊びから葬式まですべてのものが法律的，慣習的に組み立てられた体系の中に位置づけられていた。そしてある点までは，すべてがうまく働いていた。機械化があまり進まなかったとすれば，19世紀初頭のアメリカと同様，安い奴隷労働力が機械の代用となったからで，ローマ人たちの企てた計画が技術力の不充分さゆえに失敗することはなかったのである。

ローマ人たちは，皇帝をいだく以前からずっと帝国主義者であった。帝国は都市を単位として構成され，単位相互は効率的な道路と橋からなるシステムによって結びつけられていた（これらの道路や橋の多くは今なお利用されている）。物資とサービスの生産および交換は，正義に基づいた秩序の枠組みがあってはじめて可能となる。その正義を守る法律は，神の力によって秩序づけられた宇宙という，より広い観念の中に根拠があった。ギリシャとローマの都市の心臓はフォルム[2]であったが（図1，2），フォルムの両脇には法廷と寺院とが並んで建っていたのである。宗教的生活と世俗的生活とは，古代では中世におけるほどには分離されていなかった。

ローマ人たちは田園での別荘生活を楽しみ，ホメロス時代の田園詩の世界を理想とした。しかしながら，都市と都市の間に広がる土地は100フィート平方の単位に分割すること[3]によって合理的に把握され，「工業化された農業」というべき効率の高い農業が営まれていた。ローマ帝国中の大都市に膨大な人口が集中していたことをみれば，食料の生産手段や海陸を越える農産物の輸送手段が非効率的であったとか，港湾施設や貯蔵基地があまり発達していなかったとは，実際問題として考えられない。基本的な要求が満たされ，繁栄がすすむと，あらゆる種類の工業生産に対する要求が増大した。ローマ人の職人たちは実にさまざまの生産にはげみ，商人たちはそれらをあまねくゆきわたらせた。彼らが

---

[2] ラテン語で広場のこと。

[3] わが国の条理制に似たケントゥリア Centurien をさすものと思われるが，これは一辺20 actus（2,400 Roman-feet，約700 m）の区画で，2日の作業量をもつ区画100区画分に相当していた。この小区画は正方形であるとは限らないし，大きさも100フィート平方にはならない。

作り，売った品物は，都市のアパートそして田園での生活に，後の時代と比べてもそん色のないほどの水準をもたらした。建築と土木技術は，金属・木材・ガラスのほかに岩石・れんが・コンクリートを使うことによって成熟のレベルに達した。前線キャンプから都市邸宅に至るまで，建築・土木技術に関する考えうるあらゆる要求が生まれ満たされた。ローマ時代の公共建築および土木のスケールと質に並ぶものは，歴史上いまだかつてみられない。

古代の神々に対する崇拝が，法と秩序というローマ時代の考え方の基本を形づくった。反面，ローマは帝国内におけるさまざまな文化・言語・宗教に対し寛容で，そのことが全体の社会・政治構造に長期にわたる存続を可能ならしめるフレキシビリティを保障した。デュラ・ユーロポス（図3）のような帝国の辺境にある町のフォルムには，ユピテル[4]（ゼウス）の神殿のほかにキリスト教の集会場やユダヤ教会など，多様な東西の神秘的宗教が必要とするさまざまな礼拝用建物のための場所があった。たとえ，これら異教の施設が都市の城壁に近い，さほどにぎやかでない場末の地区におかれていたとしても，そこも都市の範囲内には違いなく，都市の外に出されるということはなかった。

しかし，都市文明を現実化し，しかも永続性あるものとしうるかどうかのカギは社会および政治システムにある。うまいシステムがあってはじめて，人間の熱情とか経済の力が合理的な安定した平衡状態へ達する。ローマの国家が，あらゆる高度に発達した社会がかかえる，このいつ爆発するかわからない問題への魔法の解決策をもっていたわけではなかった。しかしながらローマは，おどろくほど組織化のすすんだ軍隊と効率的な官僚に加えて，社会に対する安全弁をもっていた。パンと野外競技場と軍隊のかがやかしい戦果が大衆の欲望や不満のはけ口となった。劇場，浴場，出世への見通し，そして田園や海岸リゾートでの快適な隠居生活は中流および上層階級の野望を満たした。寛容で神秘的な宗教が希望を失った人々に救援の手をさしのべた。このような複合的な文化と多種多様な建築がすべて，古代都市の枠組みの中におのおのの役割と場所を見いだし，都市が経済的に機能していくことを可能にしたのである。経済機能は都市の基本であって，もしこれがなくなれば，ほかのものもすべて形式と内容を失ってしまう。

ローマ帝国時代に達成された都市化はきわめて高度であった。ローマの長期にわたる衰退の後，10世紀ないし11世紀に新たに始まり，現在，なお続いている長期的な都市化のサイクルの中では，その水準はいまだ達成されていないといってよい。なるほど，生産と交通の機械化は，過去150年の間にローマ時代や中世の人々が夢想だにしなかったレベルへ達した。しかし，繰り返し言うならば，機械化は都市化のほんとうの指標ではない。

もし都市が，組織化され工業化された社会における効率的な道具であろうとす

---

[4] ローマ神話の中で最高位の神。ギリシャ神話ではゼウスにあたる。

るならば，国家と宗教，労働者と経営者，実業家と官僚，都市と田園，空地と建築空間，そして複合機能をもつ組織に必要な各分野への訓練された人々の配分といったものが合理的にバランスを保っていなければならない。この意味において，およそ900年前に再び始まった都市化の過程は，今なおピーク時のローマ帝国の効率のレベルを達成するに至っていない。

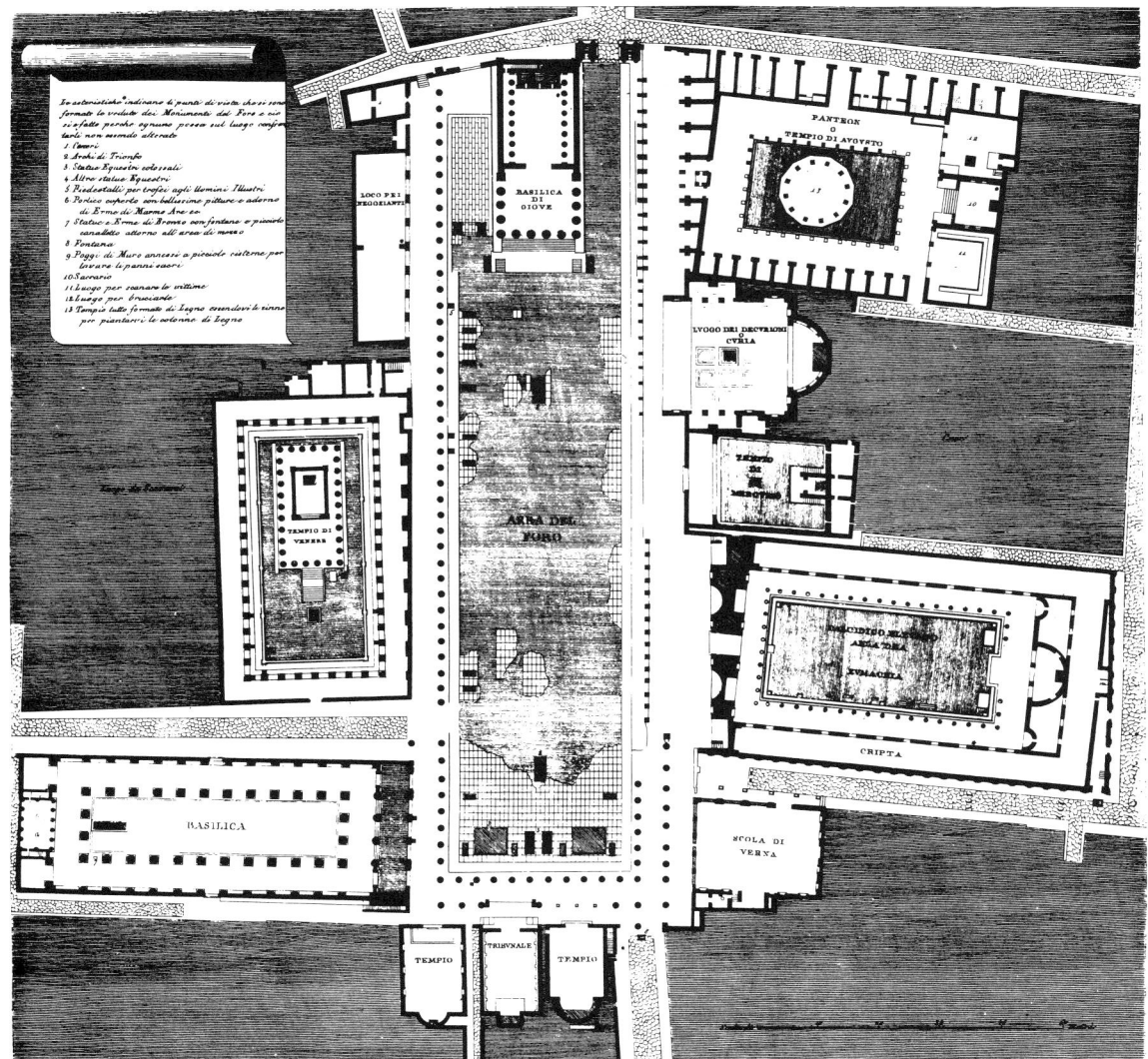

図1　ポンペイのフォルム（Rossini），1830

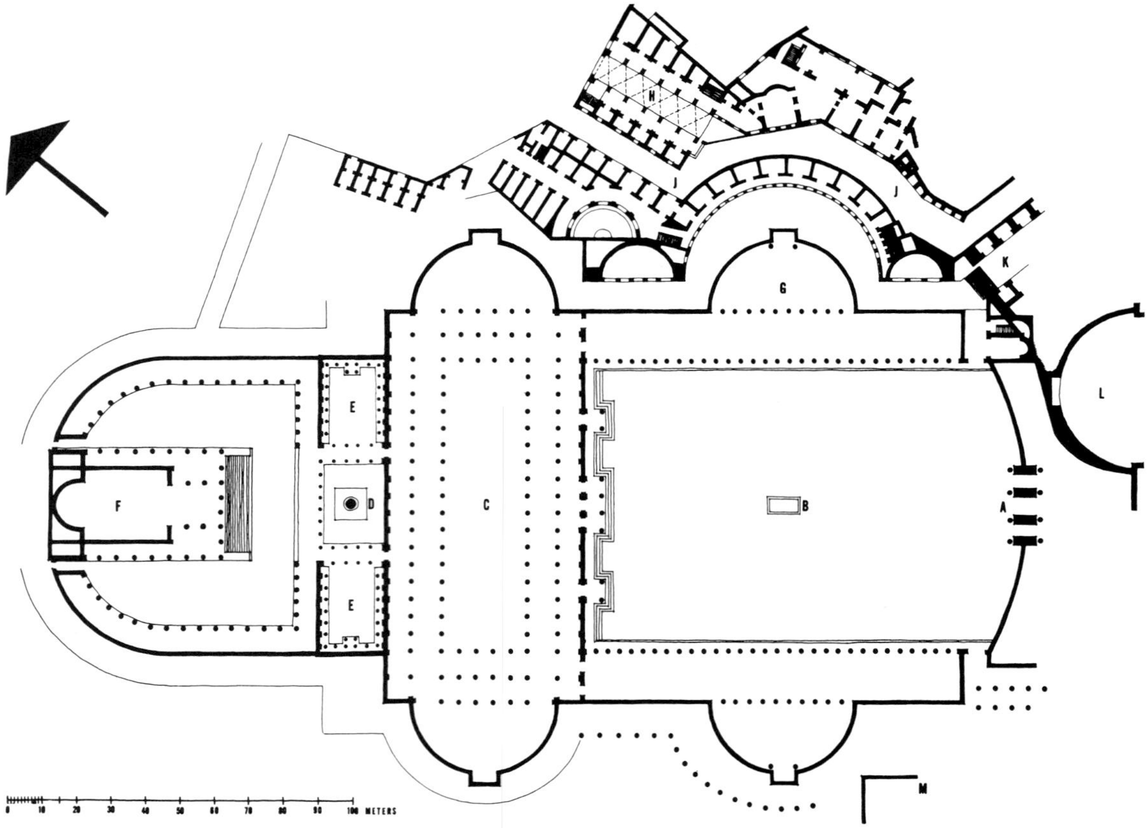

図2 ローマ，トラヤヌス帝のフォルム (MacDonald)

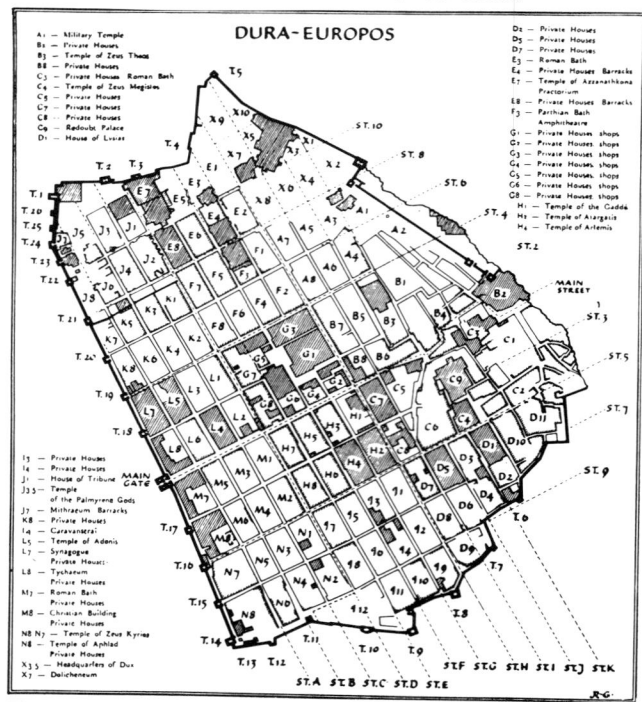
図3 デュラ・ユーロポス，都市プラン (Goodenough)

# 間奏曲——カロリング朝時代

5) 1862-1935, ベルギーの歴史家，邦訳では『ヨーロッパ世界の誕生』『中世都市』ほか

6) 1868-1953, オーストリアの歴史家、邦訳では大著『ヨーロッパ文化発展の経済的社会的基礎』

1　巻末原注参照

アンリ・ピレンヌ[5]は，ローマ都市文明衰退の原因をキリスト教信仰の勝利や異邦人つまり蛮族の進入というインパクトにではなく，7世紀のイスラムの発展が地中海貿易を徐々におさえていったという点に求めた。ピレンヌと同時代の人，アルフォンス・ドプシュ[6]は，「蛮族」がはじめから文明化されていない民族ばかりだったわけではなく，ローマ文化は彼らの侵入後も主流ではないが続いていたと論じた。しかしドプシュは，カロリング朝時代を大文明の急激な衰退期としてではなく，偉大な新しい時代のはじまりと考えていた。ここ何十年かの社会経済史家たちは，これらの対立する見方に刺激されながらも新しい証拠を発見できず，中間的な解釈をとっている[1]。

主要な水上交通路沿いの商業および都市生活は，カロリング朝時代にも死に絶えることはなかった。とりわけヨーロッパ西部の古代ローマ都市は活動をつづけていた。また地中海も，高価な東洋の物資を求めてキリスト教徒・ユダヤ教徒・イスラム教徒などと取引きをしようと護衛つきの旅行を行う，進取の気性に富んだ商人たちには完全に閉ざされていたわけではなかった。

カロリング朝の行政・法津・経済上の改革もただ反上市的だったのではない。芸術や建築に現れたカロリング朝時代の理想は，古代の荘大さを復興するというビジョンに基づくものであった。カロリング朝時代の人々は古代都市を住むための場所，つまり周辺の農村を支配する要塞化した居住地として用いた。まだ残っていた古い都市の物理的組織，たとえば城壁とか建物が，すでにそこにあるという理由でかつての時代の便利な遺産として用いられたのである。司祭や諸侯はその中に居をかまえ，必要な城壁を修理し，自分たち自身でも城砦や教会を建設した。しかし，商人の居住地区はたいてい城壁の外にあって小さかった。工業と商業は，宮廷に供給するだけの最小限のものへと縮小した。都市はもはやかつての生産や交替の場ではなく，消費の場となったのである。

イタリアの都市では，生産が東洋そしてヨーロッパ西部へ移行するにつれて徐々に生産の場から消費の場への転換がおこったが，これはローマ帝国末期のゆるやかな衰退過程におけるひとつの重要な現象だった。農産物および工業製品輸送の危険とコスト増が，続く何世紀かに及ぶと，西ヨーロッパ全体の都市も停帯するようになった。地中海におけるイスラムの発展がすでに進んでいた事態をさらに悪化させた。そして9世紀の古代スカンジナビア人の襲撃がいっ

そう大きなダメージを与えた[2]。

アーヘンはカロリング朝の重要な中心地であり，古代都市にならった王宮所在地としての施設を有していたが，それにもかかわらず都市としては重要ではなかった。収益を得るための生産と交換は，宮殿の近くに発達したウィクス Vicus（小さな商人集落）で行われた[3]。そのわずかな人口が宮廷と小さな官僚組織が当面必要とするものをまかなった。豪華な品物は外国からの大使一行や，宮廷から任命された少数の商人によってもたらされた。

宮廷の儀式，宮廷の芸術，そして宮廷が援助して建設した住居とか修道院のもつ複雑な図像学（イコノグラフィー）が，古代の模倣という見せかけをよそおっていたとしても，カロリング朝時代における教会の礼拝の性格は，そのプランやエレベーションに強い影響を与えたコンスタンチヌス帝時代の教会とは根本的に異なっていた。コンスタンチヌス帝時代の大教会は，末期古代世界の中心および周縁部にあり，キリスト教の伝統と殉教の重要な場所であることを示すべく建っていたのだが，カロリング朝時代の建物では，そのような聖地や聖徒の全殉教史から百科事典的によせ集められた断片を，宗教上きめられた方法で配置された祭壇に並べたのである[4]。この礼拝上の発展には都市の発展史と深いかかわりがある。コンスタンチヌス帝時代の聖地は，巡礼が訪れ，旅行者が拠り所とする場所で，道路をシステムとして機能させ，都市のネットワークを形づくっていた。それに対してカロリング朝時代の教会のあり方は，旅行・道路・都市の衰退，そして消え去った古代世界の血液たる交易の衰退を立証するものにほかならなかった。

ザンクト・ガレンの有名なプラン（図4）ほど，かつての古代都市とカロリング朝時代建築の非都市的性格との対比を明確に示すものはない。この修道院を構成する建築物は，もとをたどれば都心部の中でも最も中心となる施設，たとえばローマのトラヤヌス帝のフォルム（図2）までさかのぼることができる。この修道院のクロイスター，チャプターホール，チャーチ，ラボラトリアは，それぞれ直接，ローマ都市の列柱で囲まれた大きな広場，バシリカ，神殿，市場に由来する。しかしそこには，本来の都市がもつべき性格が失われている。修道院における生産の一部分は市場向けであったが，売買は修道院の中でではなく，委託された商人が遠方の市場へ持っていって行った[5]。修道院コミュニティのメンバー間での交換は存在しなかったし，通りすがりの旅行者との取引きはきわめて少なかった。ザンクト・ガレンの羊皮紙であきらかにされたような，9世紀以来多数の修道院で実現されてきた修道院計画が，古代都市の構成要素を都市復興の必要条件が再び整うまでカプセルに入れて保存してきたとは決していえないのである。条件が整ったとき，修道院はたいてい主要な交易ルートから遠く離れた田園に孤立しており，都市の再生にあたって重要な役割を演ずることはなかった。核となって将来重要となる町を形成するものもほとんどな

2　巻末原注参照

3　巻末原注参照

4　巻末原注参照

5　巻末原注参照

かった。

私たちがここで考えようとする中世都市は，古代都市と似た面をもち，その伝統から影響を受けているけれども[6]，古代とは異なった社会・政治・経済条件の下で特有の構造を発展させた。ギリシャ，ローマを起源とする左右対称形は，ザンクト・ガレンのプランで，そして中世の修道院・教会堂の長い伝統の中では受け継がれたが，アーバンデザインにおいては，文芸復興(ルネサンス)の流れの中で新しい透視図法をもつ新時代が到来するまでなんら影響を見いだすことができないのである。

[6] 巻末原注参照

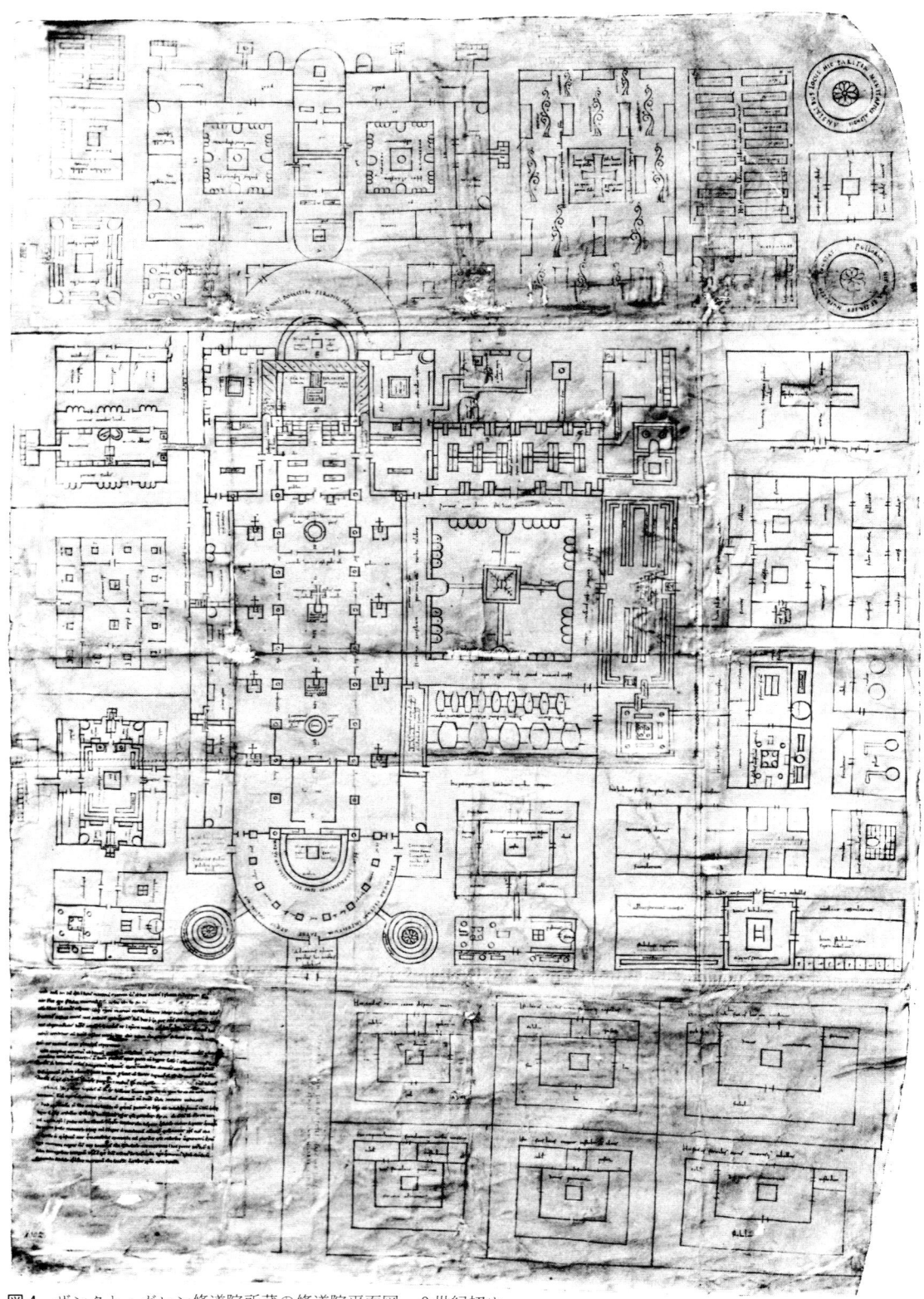

図4　ザンクト・ガレン修道院所蔵の修道院平面図，9世紀初め

# 11世紀初めごろ——中世都市のあけぼの

カントヴィクやドレスタットのようなイギリス海峡に沿ったいくつかの町は，8，9，10世紀における散発的な海外取引きの中心として栄えていたけれど，カロリング朝やオットー大帝時代のはじめごろは，全体としては都市停滞の時代であった。カロリング朝の文化的生活および政治経済権力のほんとうの中心は都市ではなく，かつてのフランク帝国や新しく占領されたサクソン・ロンバルディアに建てられた皇帝がスポンサーの大きな修道院だった。このような傾向の証拠として，この時代，サン・ドニ，サント・ジェヌヴィエーヴ，サン・ジェルマン・デ・プレといった各修道院の方がパリという近傍の町よりもずっと重要であったという事実をあげることができる。

11世紀中ごろまでにこれらの事情がすべて一変した。8世紀および9世紀初頭の北海やイギリス海峡，内陸の水路は，ちょうどマホメット教徒たちが支配していた地中海のように，ノルマン人に襲われる危険にさらされていた。そのノルマン人たちがノルマンディに定住を始めたのだ。そして1066年にはアングロ・サクソン人のイングランドを占領し，ヨーロッパの将来の大国を生みだす基礎を築いた。

また，それ以前にノルマンのナイトたちは，テレニア海とアドリア海両方のイタリア沿岸制覇をめざして，イスラムの海賊とビザンチンの守備隊とに戦いをいどんでいた。北ヨーロッパから来たこの戦闘的冒険者たちは，西ロシア中心部への商業ルートをたたいたのだ。地中海周辺でのイスラム拡大の動きは行きづまり速度をおとした。そしてペルシャからスペインに至るイスラム帝国は，外部への侵略よりも内部の統一と繁栄に関心を寄せるようになっていった。ビザンチン帝国はまだトルコの脅威には直面しておらず，周期的に繰り返された再興期のひとつにあたっていた。

西ヨーロッパの封建システムは徐々に崩れつつあったが，その崩壊過程に生じた社会圧力は十字軍聖戦にひとつのはけ口を見いだした。こうして，コンスタンチノープルはヨーロッパとパレスチナ聖地間を結ぶ動きの中心地として新たな繁栄の極に達した。ヴェネツィア，ジェノヴァ，ピサは，国家間の交通交易の復活に乗じて，海上交易による富を築きあげた。

連綿と続くドイツ王朝は，ローマにおいて次第に強太となる教皇権を相手に，神聖ローマ帝国の役割を立派に果たしつづけていた。一方，フランスはカペー

朝の支配のもと，ゆるやかに連合し，その領土と境界を守りながら教皇やドイツに支配されぬように注意を払った。こうしてイタリアと同様，低地諸国，北海およびバルチック海沿岸，そしてフランスおよびドイツのローヌ川・ライン川・ダニューブ川の谷が，交易と交易のための生産に最も都合のよい立地条件におかれた，最も約束された未来をもつ土地となった。これらの土地で都市は，物資とサービスの生産および交換のために欠かすことのできない道具としてきわめて急速に発達したのである。都市を形づくったのは，都市の出現あるいは再現を不可避とするこのプロセスにほかならなかった。

## 前提——中世都市の空間を理解するために

都市中心部はゆるやかに発展しながら,中世都市に建築的骨格を整えていった。しかし,都市中心部の形成よりは,11世紀および12世紀の歴史を特徴づける社会・政治の発達,そして商業の拡大という歴史の過程のほうが数歩先んじていた。そのことは,こうも言える。中世都市が何らかの完璧な形をついに達成したときには,すでにその絶頂期は過ぎ,たそがれ時に向かっていたのだと。

そのうえ,中世の都市空間に関心を寄せる歴史家は,中世の政治史・社会史・経済史の分野の研究者だったらおめにかかることのない困難に直面する。政治史の研究では,特許状・勅書・記録・年代記を資料として利用することができる。社会史家には,宮廷・民衆双方がつくり出した哲学,宗教,詩の作品といった財産があり,かつての社会を描き出すという魔法が可能である。経済史家は,他の人々の業績を受け継いで出発することができ,貨幣の重みづけ,銀行記録の解読を行う。しかも,彼のもつあらゆる手段にはときおり難しい統計学も加わる。芸術史家は,飾絵・飾字で装飾された写本,聖骨箱,象牙,そして彫刻をほどこした門など,論文を書くための資料に事欠かない。そして建築史家には教会がある。

しかし,中世の都市空間を学ぶ歴史家は,これを研究しようとする場合,今日見ることのできる中世都市の姿が早くとも15世紀後半ないし16世紀のものだということを認めるところから出発しなくてはならない。15世紀よりさかのぼる非宗教建築物のあるアルトシュタット Altstadt[7] はほとんど稀。多くのものは,もっぱら17世紀あるいはそれ以降のヴィユ・カルチェ Vieux quartiers[8] なのである。ピュージン[9] が1836年に『コントラスト』で理想化した奇妙な古い「中世」の町は,疑いなくテューダー風のものであった。ゲーテ[10] によってよみがえらされた「ゴシック」のシュトラスブルグは15~18世紀のものだし,ラスキン[11] の『ヴェニスの石』や,ワーグナー[12] のハンス・ザックスが登場するところのニュルンベルグについても同じことがあてはまるのである。

このことは,どんなによく知られている「中世」都市を扱う場合でも,まず第一に強調されるべき点である。私たちが見ているのはルネサンスの成蝶であって,中世の幼虫ではないのだ。全般的にいって,私たちは,12世紀や11世紀の状態は言うには及ばず,13世紀の都市についても,しっかりとした地誌上の知識をほとんど持ちあわせていない[7]。中世都市研究が「中世の住宅」について扱

7) ドイツ語=old town
8) フランス語=old quarter
9) 1812-52,イギリスの建築家。その著『コントラスト』は,ゴシック復興(リバイバル)の動きを広めた。
10) 1749-1832,ゲーテは『ドイツ建築について』(1772)の中でシュトラスブルグの大聖堂を讃えた。
11) 1819-1900,『建築の七灯』とともにゴシック復興(リバイバル)に影響。
12) 1813-83,ハンス・ザックスは『ニュルンベルグのマイスタージンガー』の中心人物である靴屋。この歌劇は,ドイツ中世に勃興した庶民階級による芸術を賛美している。

7 巻末原注参照

っていないのは，現存しているいくつかの 13 世紀の塔を別にすると，議論すべき中世の住宅そのものがないからである[8]。フィレンツェ，パリ，ローマといった重要な中心的都市の最も古い展望図には，15 世紀末期および 16 世紀前半のものがある。低い鳥瞰パースによるこれら古い展望図のいくつかは，それ自体貴重だけれども，実際の道路パターンについてほんの限られた情報しか提供してくれない。多くの中世都市が詳細にわたる地誌的分析に耐えるようになるのは，ようやく 16 世紀末期および 17 世紀のブラウンとホーヘンベルグ[13]，マテウス・メリアン[14]，そしてヴェンツェル・ホラー[15]の時代になってからである（アムステルダム，図 5）。これら後の時代の証拠に基づいて結論を導く場合には注意を要するのである。

もちろん，このような材料を利用する中世都市研究がまったく誤った前提に基づいているというわけではない。いったん確立された都市パターンの変化は，19 世紀中ごろまでは，あったとしてもきわめてゆるやかなものであった。主要な公共および宗教建築物，空地とビルトアップエリア，そして橋・市壁・市門といったものの位置・形態・規模は，何世紀にもわたってきわめて緩慢な修正のプロセスを経てきたのである。これらの都市形態とその発展とを検討することが次章以下の主題である。

8　巻末原注参照

13) 最初の都市地図帳である『世界都市図帳』（全 6 巻，1572-1617）を編集・発行。

14) 1593-1640『ヨーロッパの地誌』（全 12 巻，1642-1650），『ヨーロッパの舞台』（全 19 巻，1634-1738）などの出版で名高い。

15) エッチング家，メリアンの協力者。精緻で芸術性の高い都市景観図を多数製作。

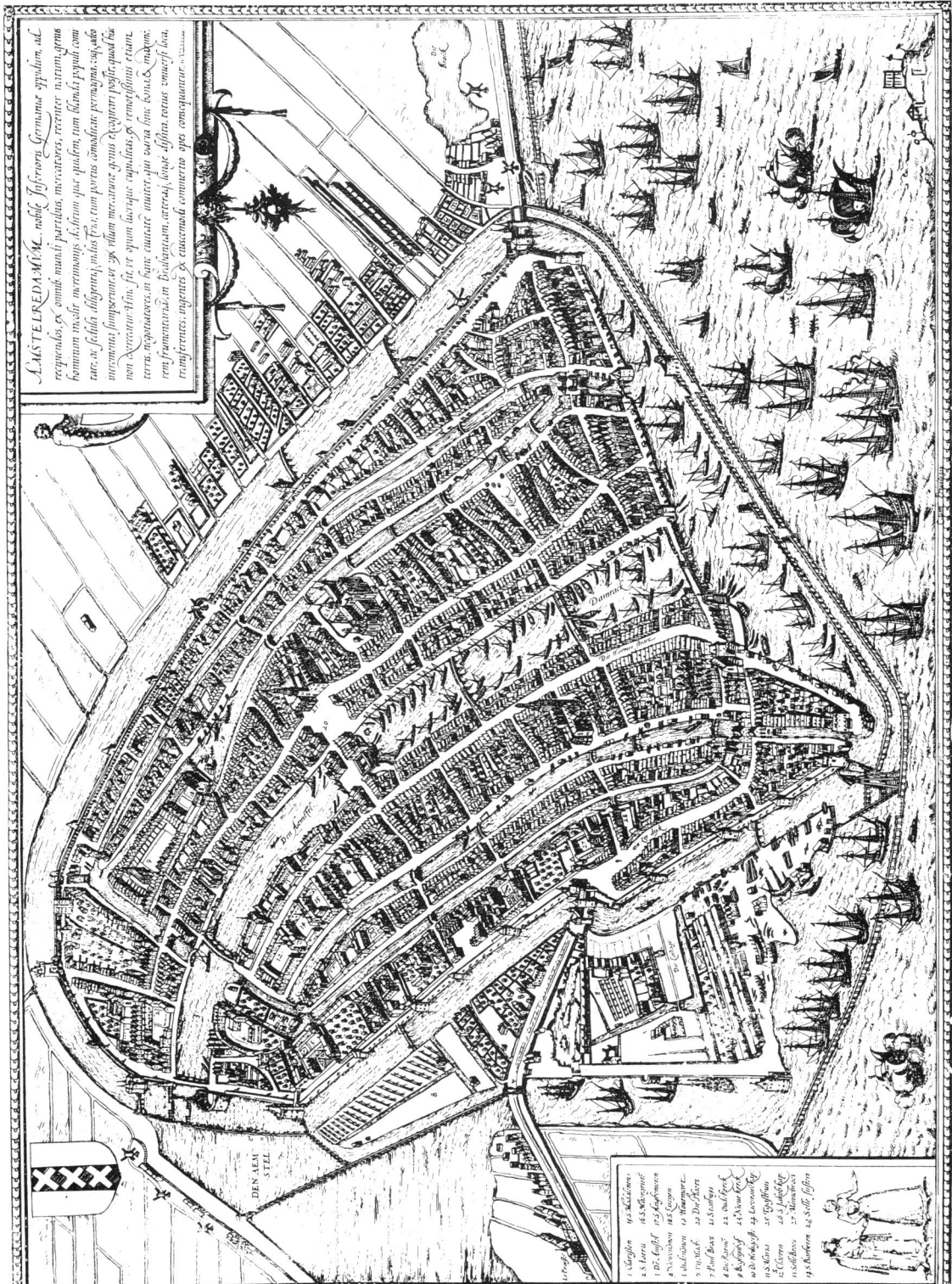

図 5 アムステルダム (Braun and Hogenberg), 1574

# フォブール——中世都市発展の核

**壁について‐その1**
道具は大切なもの。もともと貴重なものだし利用価値が高い。だから盗みや破壊，そして不法な利用から守る必要がある。都市壁は，都市という道具に対して，こうした機能を果たすものである。

一般に都市壁は，敵に包囲されたときに市民軍が銃眼に隠れて，登ってくる侵入者めがけて煮えたぎる油を注ぎかけるためにあると受けとられがちだが（コブレンツ，図7），都市壁が日常果たしているもうひとつの目的とか意味を無視すべきでない。こちらの方がもっと重要だといってもよい。それは，平和時に人や物の出入りをコントロールするという役割である。これら様々の機能を効果的に果たすために，中世の都市壁はローマの伝統にしたがって，壁・塔・門という特徴的な3つの部分からなりたっていた。壁の厚さは1〜2m，高さはしばしば20mに達し，日常的な交通では越えることのできない障害となっていた。じめじめとした都市壁の影は，幅約50フィートにわたって地面を覆った。壁は100mぐらいごとに盛りあげて，円形または四角形の塔とする。小さな開口部を穿たれた塔では，内部の守備兵が，攻めあがってくる敵を十字砲火で迎えうつに最高の視界を得ることができた。

しかしながら，このような都市壁にも弱点があった。それは門である。明らかに壁全体の中でウィークポイントとなっている門は，特別に大きくて強力な塔を両側につけることによって守りは倍加された。都市を2分する川とかその他の水域も門と同様，都市壁に裂け目をつくりだしたので，これらの地点にも強力な塔をたてたり（コペンハーゲン：図6，パリのツール・ド・ネール：図8），時には特殊なウォーター・タワーを建てて（ルツェルンのヴァッサー・トゥルム：図9，ブレーメンのディー・ブラウト：図10），特別の注意を払った。都市壁が水域を横切るように建設する場合もあった（モスクワ：図11）。他の例では鎖を同じ目的で用いている。もっとよくみられるのは，都市が川の土手から切り離されて壁で取り囲まれている場合である（マインツ：図12，アヴィニョン：図13，ウィーン：図14，マグデブルグ：図15）。この場合，川沿いの壁に波止場や橋へつづく特別の門が設けられた。

### 門の役割

理屈から言えば，都市門(シテイゲート)は，人が都市へ入ったり都市から出たりするときに通りすぎる場所である。しかし，現実にはそこは待つ場所であった。人は，もし閉門後到着したならば，次に門が開くまで待たねばならなかった。たとえ門があいても，見張番が持ち物を調べ，税金を徴集するのを待たねばならなかった。この通門税は都市の収入の主要形態で，それを集めることは正当かつ適切なことであった。有用な道具とは資本を投下する意味があるものであり，使用料を支払わずに利用するということは考えられないからだ。

今，あなたが中世の都市門の外で開門を待っているとしよう。あなたは待ちながら，しゃべったり，食べたり，飲んだり，寝たりしている。けれども，あまり長い間待たされると，ようやくカンヌキがあげられても，もう中へ入ろうという意欲が失せてしまうだろう。かわりに都市壁の正面に住みつき，自分自身の都市を建設する。とまあ，以上はもちろん誇張である。しかし，基本的には正しい。あなたが，あるいはあなたのようなだれかが，都市壁の中で仕事をやろうと門の外で開門を待つ人々相手に商売をやろうと決意したのだ。そこで門のすぐ外の道沿いに旅館を建設する（図16）。なるほど都市壁の外では平和時においてすら若干の危険はあったが，道をへだててすぐ近くには門，塔があって守備兵がいたし，戦争になったら都市に住む友達の所へ逃げ込んで最善を期することができる。やがて少数の商人たちが旅館に泊る旅行者にサービスするため，すこしずつ移動してくる。こうしてフォブール[16]が誕生する。

16) ドイツ語では Vorstadt，外市，城外町，外郭市区などと訳されている。

### 壁について－その2

中世都市の壁の大きさには一定の法則があった。壁の全長をできるかぎり短くするという法則である。都市の直径が拡大するごとに，つまり壁が1フィート増えるごとに，建設コスト，維持費用，そして大きくなった分に見合うだけの守備兵の増加が必要となった。都市壁を広げる場合の公金支出に関する中世一般の人々の考え方も，それと同様にごく単純なものであったと概括することができるだろう。自分たちの家・店・教区・教会が壁に取り囲まれてさえいれば，都市壁としては充分な大きさなのだ。もっと大きな都市壁をこしらえる代価は，壁の外に取り残されたり，壁の外で大きくなった地区（フォブール）の人々が払うべきだと考えていた。

中世都市の歴史では，人々は都市の中へ入り込もうとし，都市からは出まいとした。都市は特別の法律的地位をもっており，その中に居さえすれば，封建主義を完全に「しめだす」ことはできないものの，封建的呪縛に「おとしこまれる」ワナの多くから逃れることができた。都市の中にのみ，都市外の土地で生活している貴族・軍人そして農奴の生活とは対照的な，物資とサービスの生産

および交換に基づいた生活をおくるための条件と施設があった。この点こそが，第一義的に，中世都市の根拠だった。それも都市の中心部へ近づけば近づくほど条件がよくなる。都市中心部は，道路が交差し，活発な都市活動の中枢だからである。また周縁部であっても，壁の内側に入っているほうが壁の外に取り残されるよりも条件がよいようだった。

しかしながら，壁内周縁部に住みつくことには問題があった。それは，都市壁の性格と都市存立の第一義的な目的とに関連している。人は物資およびサービスの生産および（あるいは）交換のために都市を利用する。そして都市を利用するために都市に住むのであった。

販売用の生産物のうちあるものは，交換の場所から離れた所で製造されることもあったけれども（事実，大部分の農業および他の食料生産は都市の外側で発展した），生産の場所を市場と分離させておくことに固有の意味があったわけではない。食料の生産を除けば，中世の都市では生産と市場の場所は，ふつう一致していた。しかしながら，物資の生産と交換がうまくいくためには，人の往来が充分あること，すぐれた市場形成を保障する二次的サービスを利用できることが必要であった。二次的サービスとは，たとえば，原材料を二輪荷車が配ってまわることのできるよくできた，まっすぐな出入路，新鮮な水の充分な供給，契約や誓いに基づく売買の仕事や，しばしば起こるいざこざのときに必要となる公証人・町役人・教会など，もろもろのものである。市場の近くにおかれた初級および高度の学問を学ぶ学校もまた，あらゆる種類の都市活動を容易にする上で役に立つ。

壁近くの敷地，たとえば中心部へ通ずる幹線通りに入る門と門の間に住んでいる人は，あらゆる観点からみて，最も不利な立地条件にあった。幸いもっと良い場所に住みつくことのできた人は，だれか特別の人に合いに行く用事でもない限り，そんな場所へ行く理由がなかった。そんな所に住みつくということは，その人の生産とかサービスがユニークなものでないならば，仕事がうまくいかなくなる前兆であった。競争社会ではチャンスが失われるということを意味するからだ。そのうえ，そこからにぎやかな中心部へ至るには距離が最も遠くなる，しかもルートはふつうまっすぐではなかった。たいていの場合，まず中心と門を結ぶ放射状道路へ出，それから中心部へ向かうというルートだった。行ったり来たりするのに時間をとられているうちに生産のための時間がなくなってしまうのだ。非機械化あるいは半機械化の経済では，生産時間の長短は成功するか失敗するかのカギを握っていた。

このように考えてみると，大規模な中世都市のもつ数々の特徴について説明できる。壁の内側の居住地全体のパターンは，ふつう考えられているような同心円型ではなく，ヒトデ型なのである。人口密度の高い，そしてそれゆえに完全

に成功している「中心都市」内部の市街地構成では，中心となる市場や街路のまわりにきめこまかく街路網が交錯し，幹線道路に沿う居住街区の放射状の腕がそれを取り囲む。幹線街路は，側面を迂回する二次的な平行の道を伴いながら，門へ向かう（リエージュ：図17）。主要な放射状道路の間の，ほぼ三角形をなす地区は，多くの場合，19世紀中ごろまで人が住まずに残された。野原や野菜畑のあちこちにまばらに家が建っていたのである（コンスタンス：図20，第1と第2の壁の間，フィレンツェ：図18, 19）。それは都市の中におかれた一種の農村であり，その土地では都市生活をおくることが難しいことを示していた。

### フォブールの政治学

不便な土地が人が住みつかぬまま壁内に残されていたのと同じころ，主要な都市門のすぐ外側の道路沿いに，経済的なアクティビティをもつ小さな居住区が急速に広がっていった（セビリア：図21，ロンドン：図23）。門と，門によって生ずる一時的な交通障害が，このわずかの宿とサービス業が壁の外に成立するための引き金として働いたわけだが，それ以上にフォブールの急速な発展の原動力となったのは，ビジネスのために望ましい土地が壁内部で不足してきたこと，交通量が増加してきたことであった。壁内での経済活動が活発になるにつれ，新しい規模をもった公共市場の空間が要求されるようになったが，このような空間は，壁の外側にしか見いだしえなかったのである。

フォブールの市場はただちに既存の都市に付属する大きな経済核となり，壁内に昔からある，普通はもっと小規模な市場と競合した。しかも，この市場では都市門の通行税と売り上げ税がかからなかった。かかったとしても，ずっと簡単に逃れることができた。こうした理由が，急速な経済力の発展とともに，フォブールがついに都市壁を拡張して，その中に無理矢理入り込むための政治上の決定打となったに違いない（ブレスラウ，図22）。というのは，フォブールの市場側に壁内との競争においていくつかの利点があったとしても，都市のもつ物理的安全性や法律上の特権，経済上の機会などすべてをそなえる壁内へ入るほうが，依然としてずっと大きな魅力であったからだ。もし，古い内側の壁を壊すことによって都市生活をおくる力を増強することができるのならば，なおさらのことであった。生産と商業の魔法の円（マジックサークル）の中にいつかは加われるという期待が，壁のふもとへ希望にみちた将来の自由民（フランブルジョワ） franc bourgeois* となるべき人々をひきつけたのだ。人々が壁内部の見通しの暗い周縁地域よりも，壁外の道路沿いという潜在的に好ましい立地条件を選んだのは，まさしくこの結果を期待したためであった。人々はその機会を待ちつづけた。その日がくるまで数世代待ちつづけることもしばしばであった。ついに，都市内の人口増大とフォブールの経済圧力を無視できず，戦略上の危機の増大と新しい壁を建設するた

---

\* この本で用いるブルジョアという用語は，現代的な意味での政治的・階級的意味をもたない。都市に生活し，都市で働き，都市を利用する人であれば，低い階級の出身者も，貴族の出身者も含む。

めの財政支出に抵抗しきれないときがやってきた。そうなってさえも，新しい壁の建設と同時に古い壁を壊すには，フォブールの力が不充分であったという例がたくさんある（アーヘン：図24，図25，シュトラスブルグ：図26，ジュネーヴ：図27，図28，パリ：図8，バルセロナ：図30）。

大部分の中世都市発達史の中でみられたこの転換は，西ヨーロッパではほとんどが13世紀のおわりまでに達成された。次の世紀に入ると，12, 13世紀西ヨーロッパの主要な歴史現象であった人口爆発が徐々に速度を緩めた。都市成長の進行もまた，速度をおとした。そのうえ，16, 17世紀に要塞化のため建設された大きな多角形の外堡は，大砲の攻撃に対する戦略上の防御のためのもので，マッシブで中へ入り込むすきのない規模をもつうえ，その周囲には戦火を交えるための広大な空地を必要としたため，フォブールの形成はなおのこと衰えてしまった（シュトラスブルグ：図26，アウグスブルグ：図29，ハンブルグ：図31）。このような障害があったにもかかわらず，次々につくられる新しい門は，壁の外にさらに別のグループの都市核を形成する刺激となり，フォブールがキノコのように成長するサイクルが繰り返された（ウィーン：図14）。

**橋頭堡**

橋とは，水面，ふつうは河川を横切る公共の街路である（チューリッヒ：図32）。水面はどこでも横断可能のため，防御上のウィークポイントであった。そのため，すでにみてきたように，中世都市はしばしば都市壁によって水面から隔てられていた（ランス：図33，トリエール：図34）。水面のもつこうした性格から，都市壁のすぐ外側にある橋は特に作戦上重要な地点となった。橋詰の一方または両端は，ふつう門塔によって防備された（ハイルブロン：図35，ベルン：図36）。特に攻撃を受けやすい場合には，橋頭堡城が橋への侵入を防御するために設けられた（アヴィニヨン：図13，パリ：図8，ウルム：図37）。

通常の門に用いる形式が，要塞化された橋頭堡にも特にあてはめられた。橋を維持する通行税を通常の関税に加えて徴収するためであった。こうして橋頭堡もフォブール形成の核となった（ランス：図33）。しかしながら，都市当局は，ふつうのフォブールに対する以上の関心を，これら橋頭堡を中心に形成されたフォブールによせた。ここを占居しておけば，敵を町を出入りする要所となる動脈で締めつけることができるからだ。それらはただちに要塞化された（フランクフルトのザクセンハウゼン：図38，図39，カッセルのウンテルノイシュタット：図40）。戦略上の重要性とともに，母都市と離れた位置にあることから，これらフォブールには政治上の権力が与えられた。それらはしばしば，19世紀まで，一定の自治権とそれぞれのアイデンティティをよく維持していた（ロンドンとサウザック，図41）。

母都市と反対側の河岸にある主要上陸地点は，橋がなくともフォブールへと発展することがあった。川を渡るには渡し船によった。コローニュ[17]-ドイツ間はローマ時代に建造された後は[18]橋がなく，ドイツは現在のホーエンツォルレン・ブリッジが建設される19世紀終わりまでは大コローニュへ組み入れられなかったが，これなどはその一例である（コローニュ：図42）。

[17] 現在のケルン
[18] ドイツは，310年にコンスタンティヌス帝により建設された要塞。コローニュとの間には15の石造の橋脚をもつ堅固な木造の橋が建造されたが，約100年後には用いられなくなって取り壊された（林毅『ドイツ中世都市と都市法』p. 228）。

図6 コペンハーゲン，驚くほど詳細に形態がとらえられているメリアン版，1630-1640ごろ。

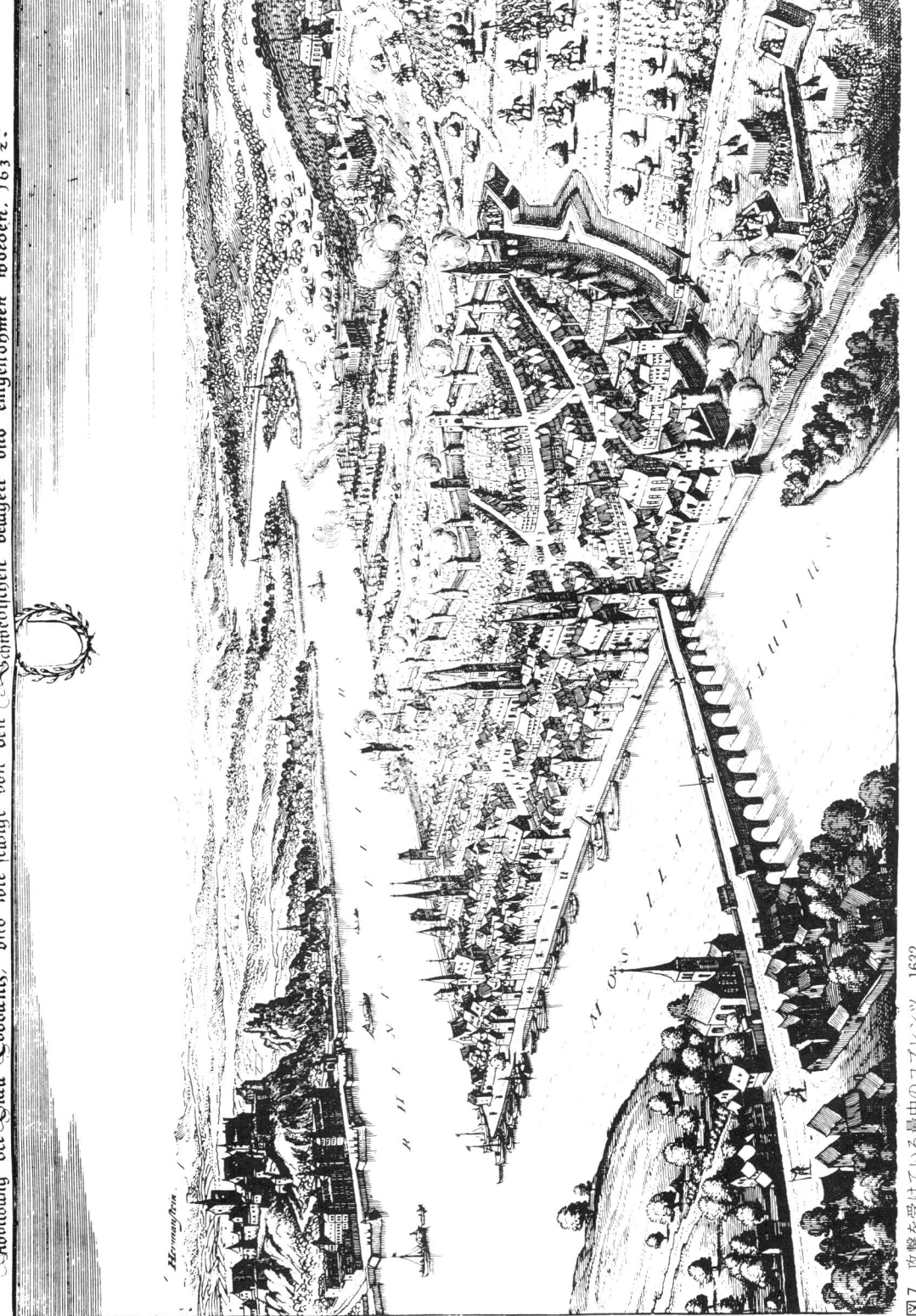

図7 攻撃を受けている最中のコブレンツ, 1632

図8　パリ，「トロア・ペルソナージュ」
　　　の平面図，1538

1　フォブール・サン・マルソー
2　レ・アル（市場）
3　シテ島
4　ルーブル
5　プラス・バドエール
6　プラス・ド・グレーヴ

7　プラス・モーベル
8　グラン・ポン
　　グラン・シャトレ（橋頭堡）
9　サンタントワーヌ通り
10　サン・ジャック通り
11　サン・ジェルマン・デ・プレ
12　ツール・ド・ネール（フィリップ・アウグストゥス王による壁に付属する塔）
13　フィリップ・アウグストゥス王による壁，1200年ごろ

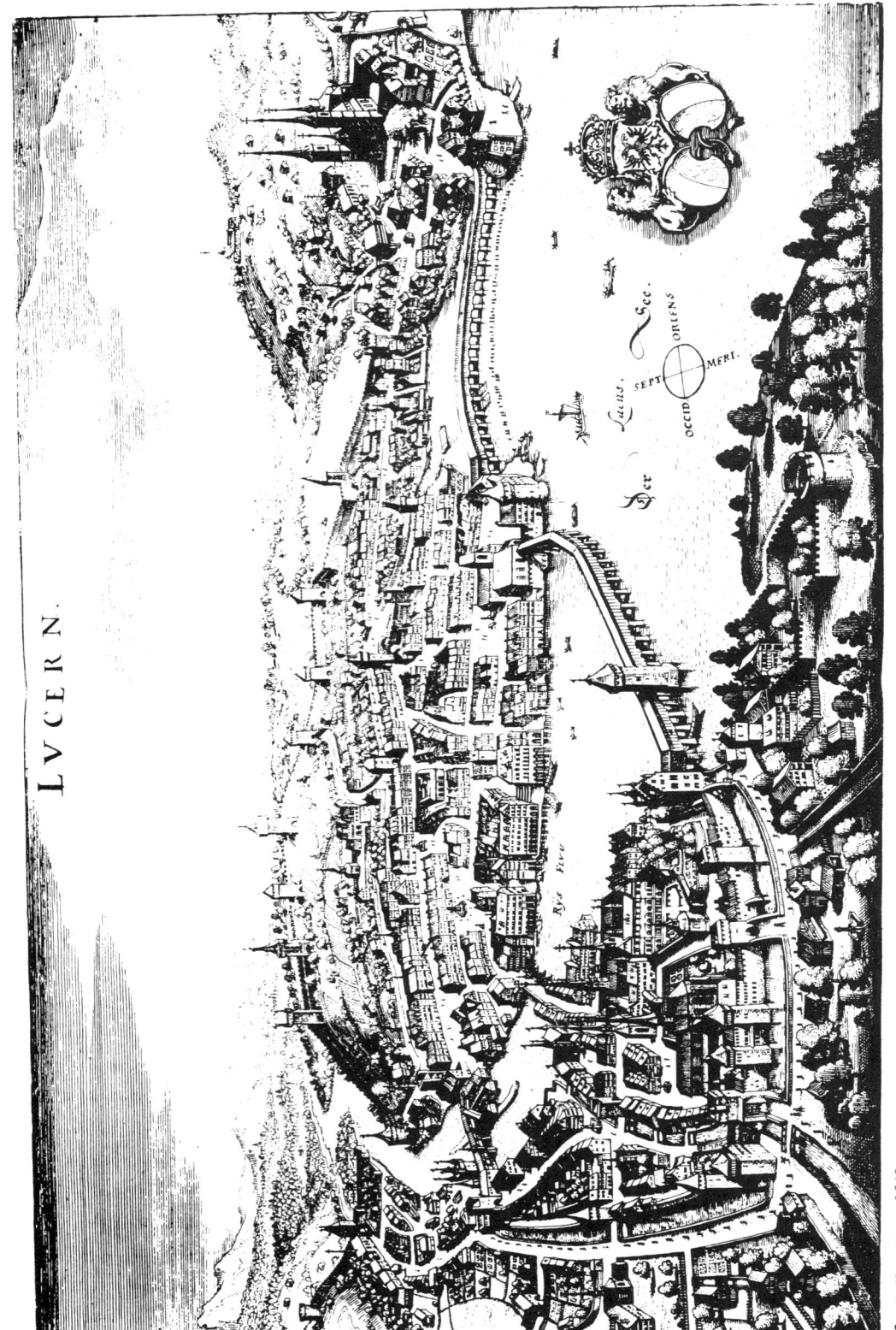

図9 ルツェルン，1642

| | |
|---|---|
| 1. S. Stephan kirch | 14. Rahthauß |
| 2. S. Stephan thor | 15. der Marckt |
| 3. der Doue thor | 16. der Schütting |
| 4. der Neue kerckhaus | 17. S. Martens kirch |
| 5. S. Nicolas kirch | 18. das Wasser Recht |
| 6. Wasser staet | 19. Castell die Braut |
| 7. S. Jacob kirch | 20. der Bumhoff |
| 8. S. Ansgarius kirch | 21. der Dom |
| 9. S. Ansgarius thor | 22. S. Sudleich kir |
| 10. der Stadt thor | 23. S. Fliberti castleh |
| 11. Zeug staet | 24. Ober thor |
| 12. U. L. Frauen kirch | 25. der Oost thor |
| 13. die Borsje | 26. Remberti kirch |
| | 27. Neue kirch |
| | 28. Suder thor |
| | 29. Weßer thor |
| | 30. Mareslen de Neuen Stat |

図10 ブレーメン, 1653

図11 モスクワ，1646

図12 マインツ, 1646

図13 アヴィニヨン, 1635 ル・シャーンジュは図中番号34にある

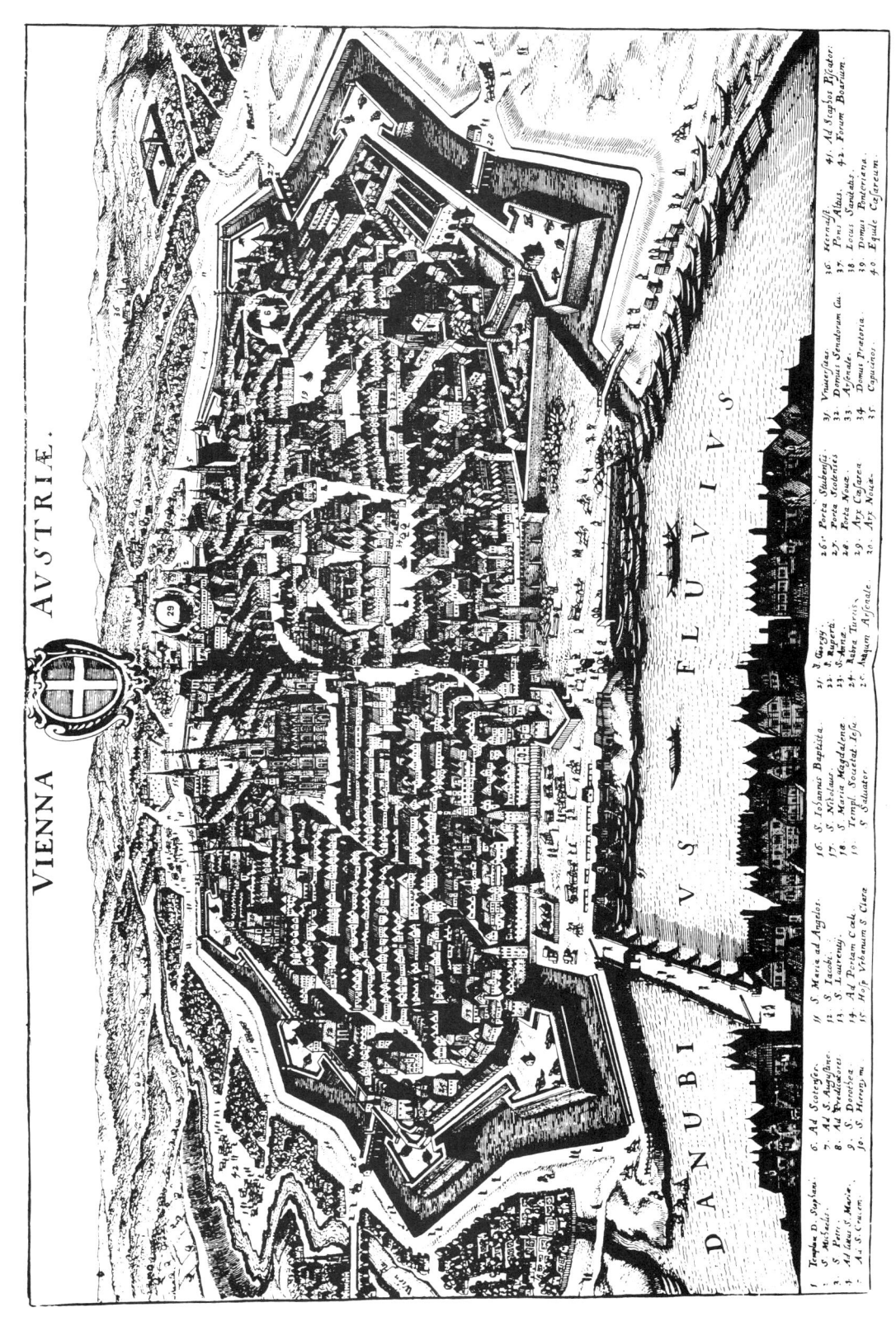

図14 ウィーン，1677 プライザンクは図中番号6の左のオープンスペース。ホフブルグは図中番号29

図15 マグデブルグ，1645

図16 H.プレイデンヴルフ，キリストのはりつけ像，1475-1500 ごろ

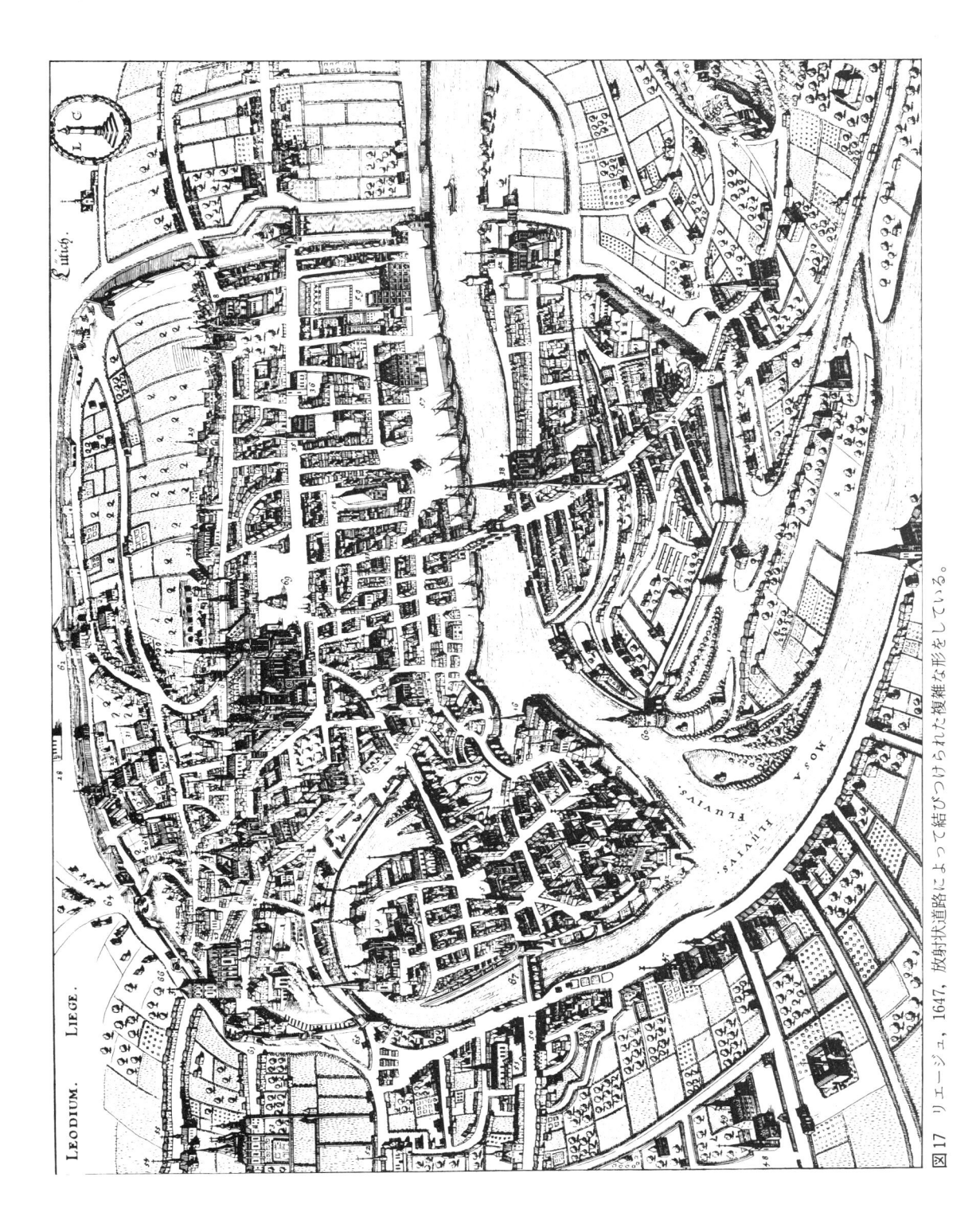

図17 リエージュ、1647、放射状道路によって結びつけられた複雑な形をしている。

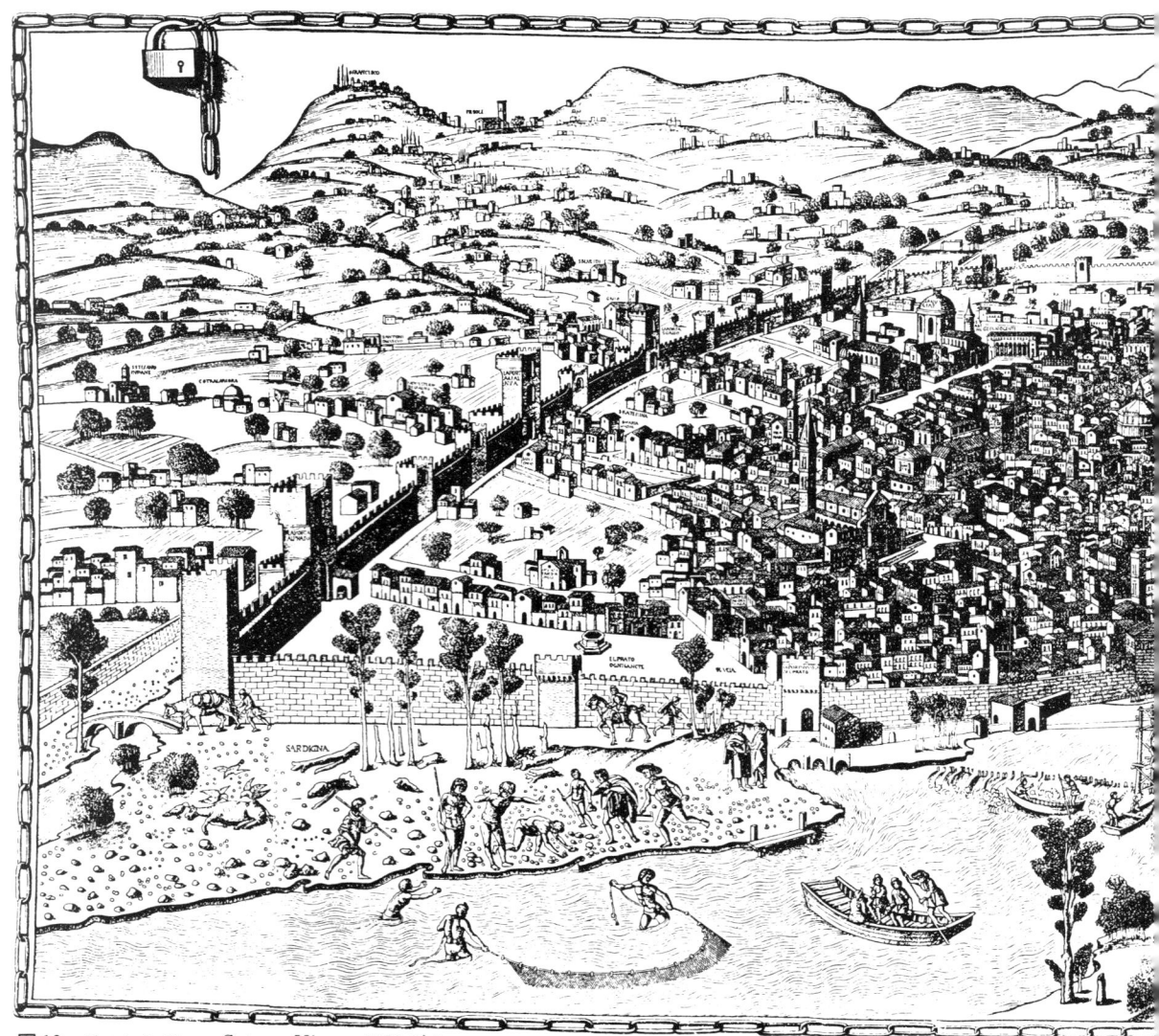

図18 フィレンツェ, Catena View 1470 ごろ

FIORENZA

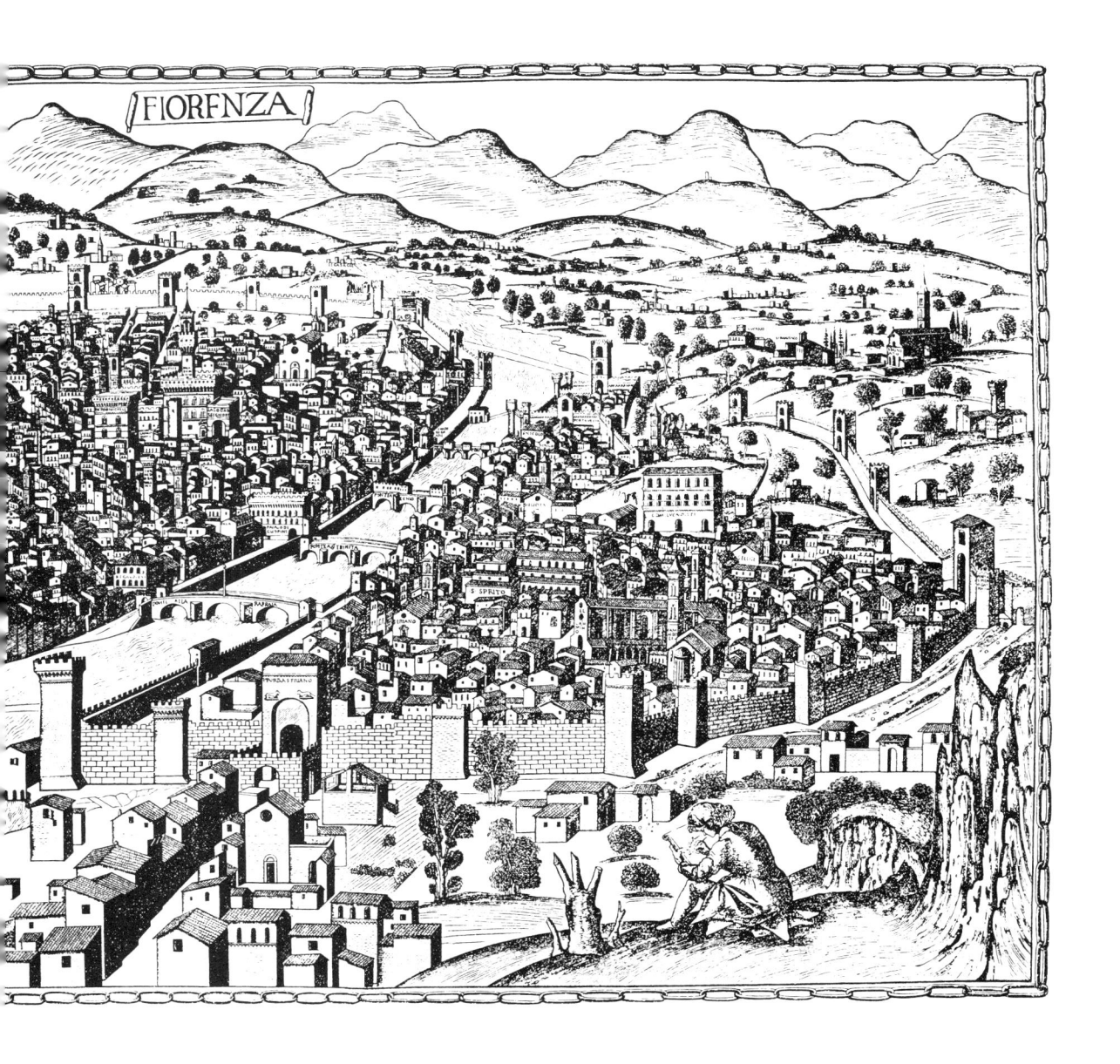

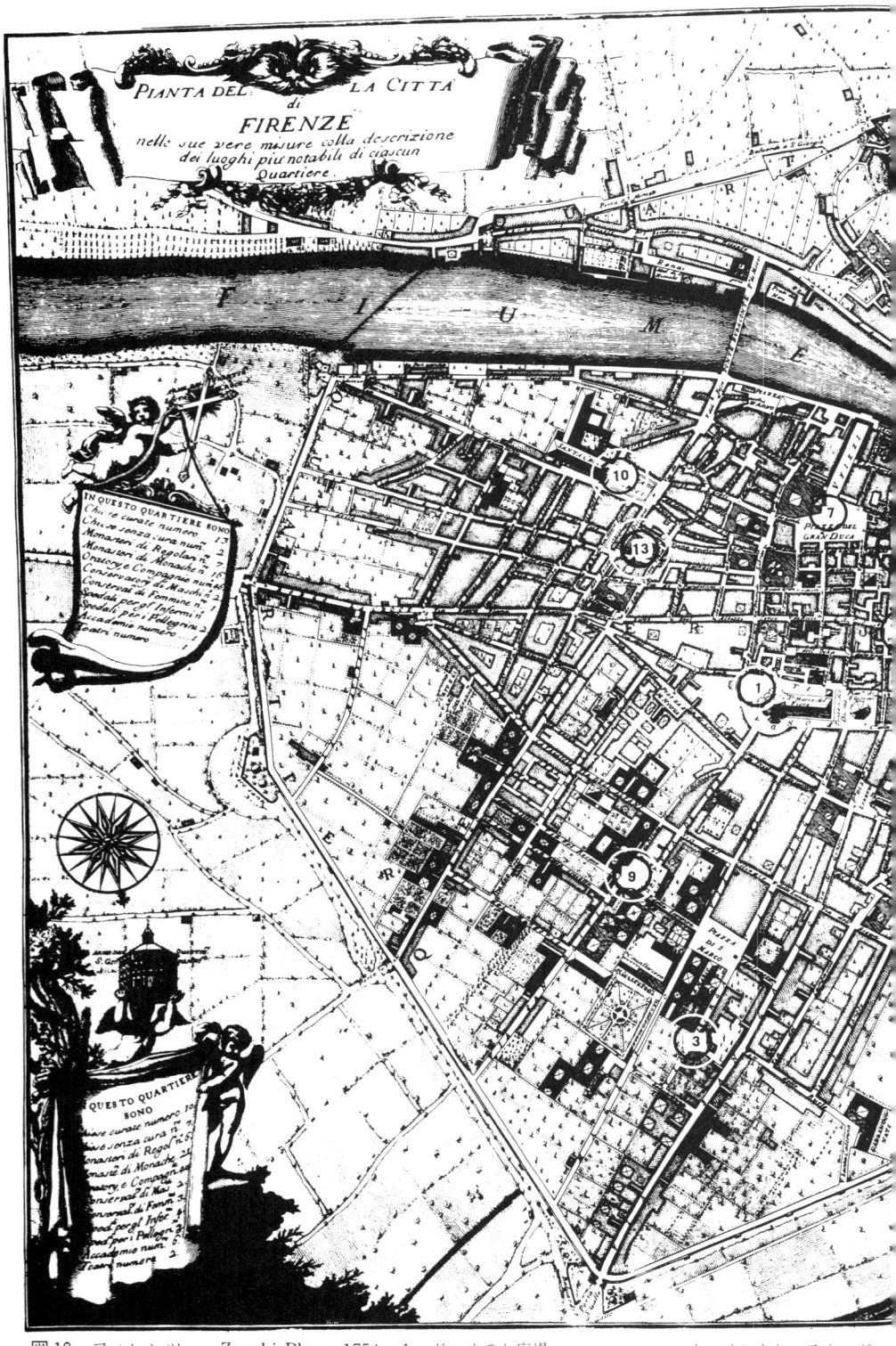

図19 フィレンツェ, Zocchi Plan 1754
1 ドゥオモと広場
2 メディチの銀行のもとの場所
3 ヴィア・ラルガ
4 メルカト・ヌオーヴォ
5 メルカト・ヴェッキオ
6 オニサンチと広場

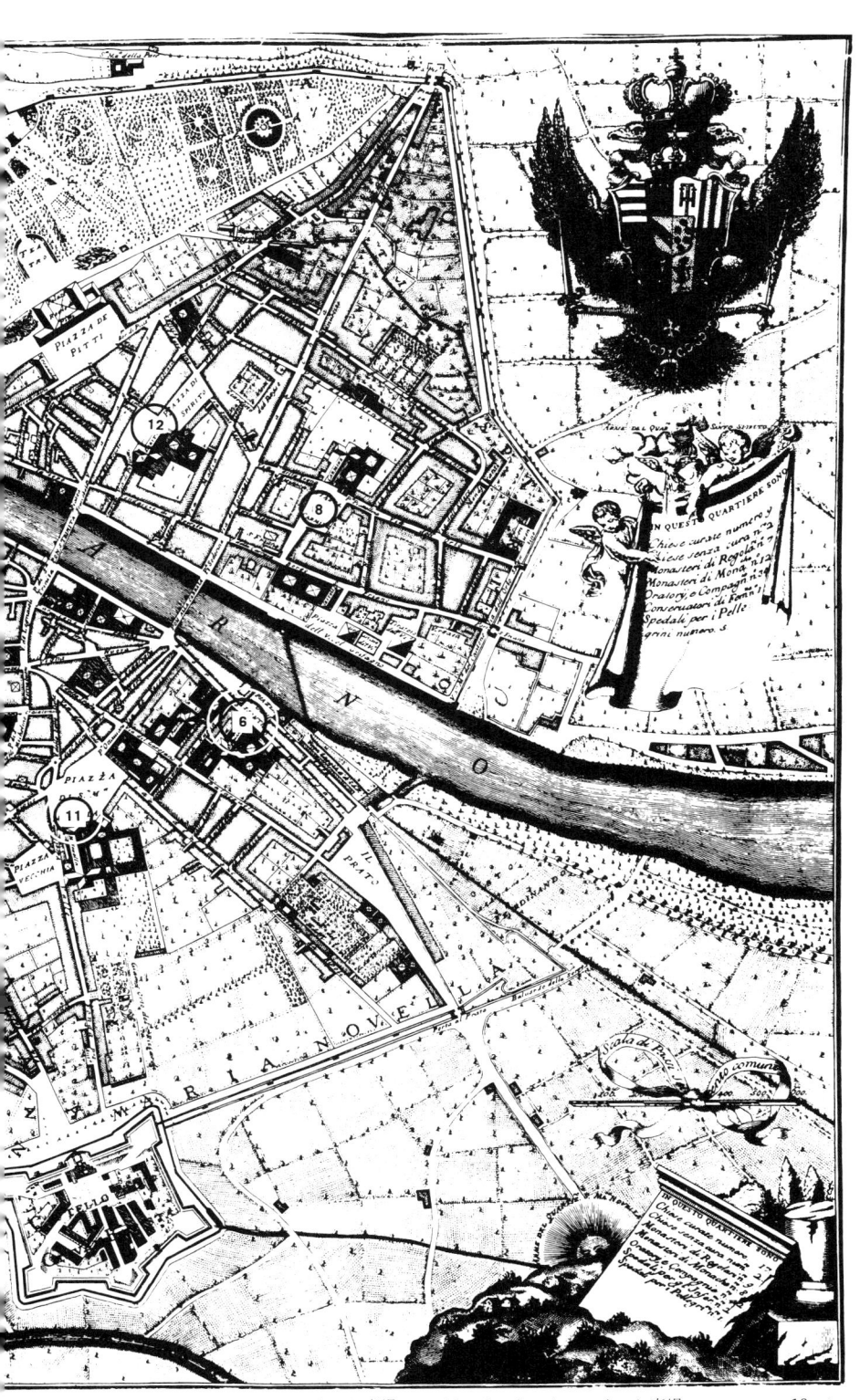

7 パラッツォ・デッラ・ショニョリアと広場
8 ピアッツァ・デル・カルミネ
9 サンテッシモ・アヌンツィアータと広場
10 サンタ・クローチェと広場
11 サンタ・マリア・ノヴェッラと広場
12 サン・スピリトと広場
13 レ・スティンケ

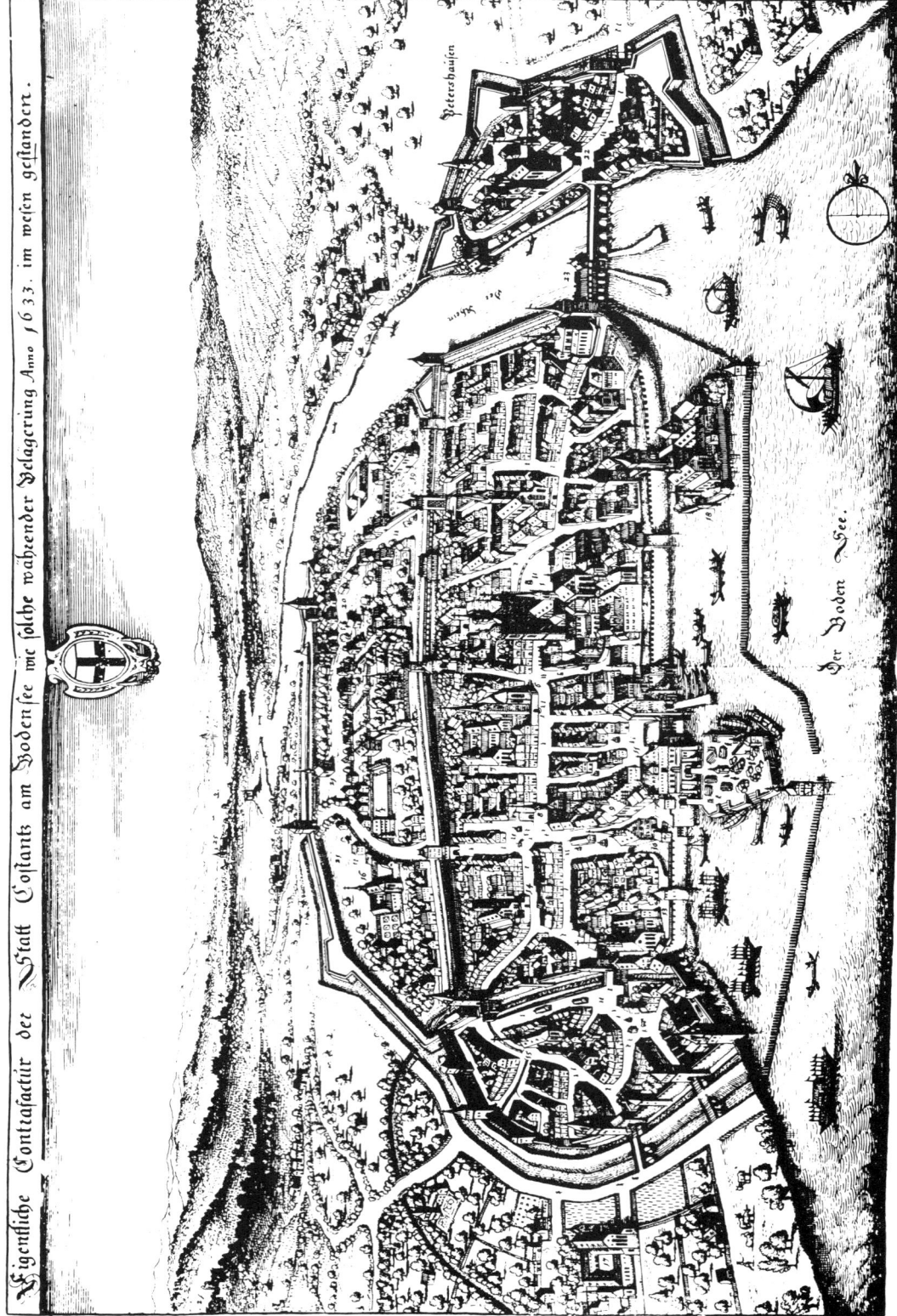

図20 コンスタンス，1633

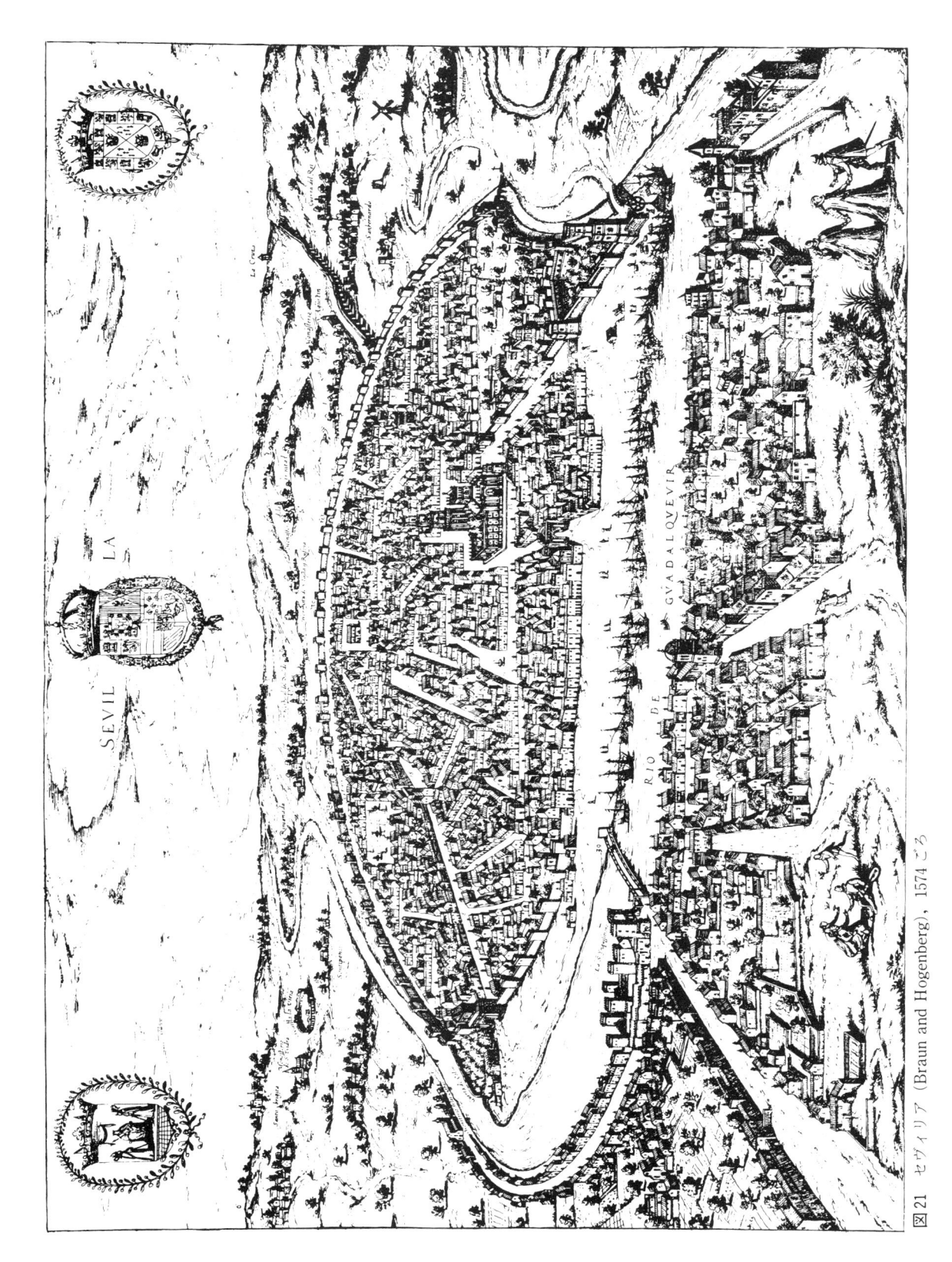

図21 セヴィリア (Braun and Hogenberg), 1574ごろ

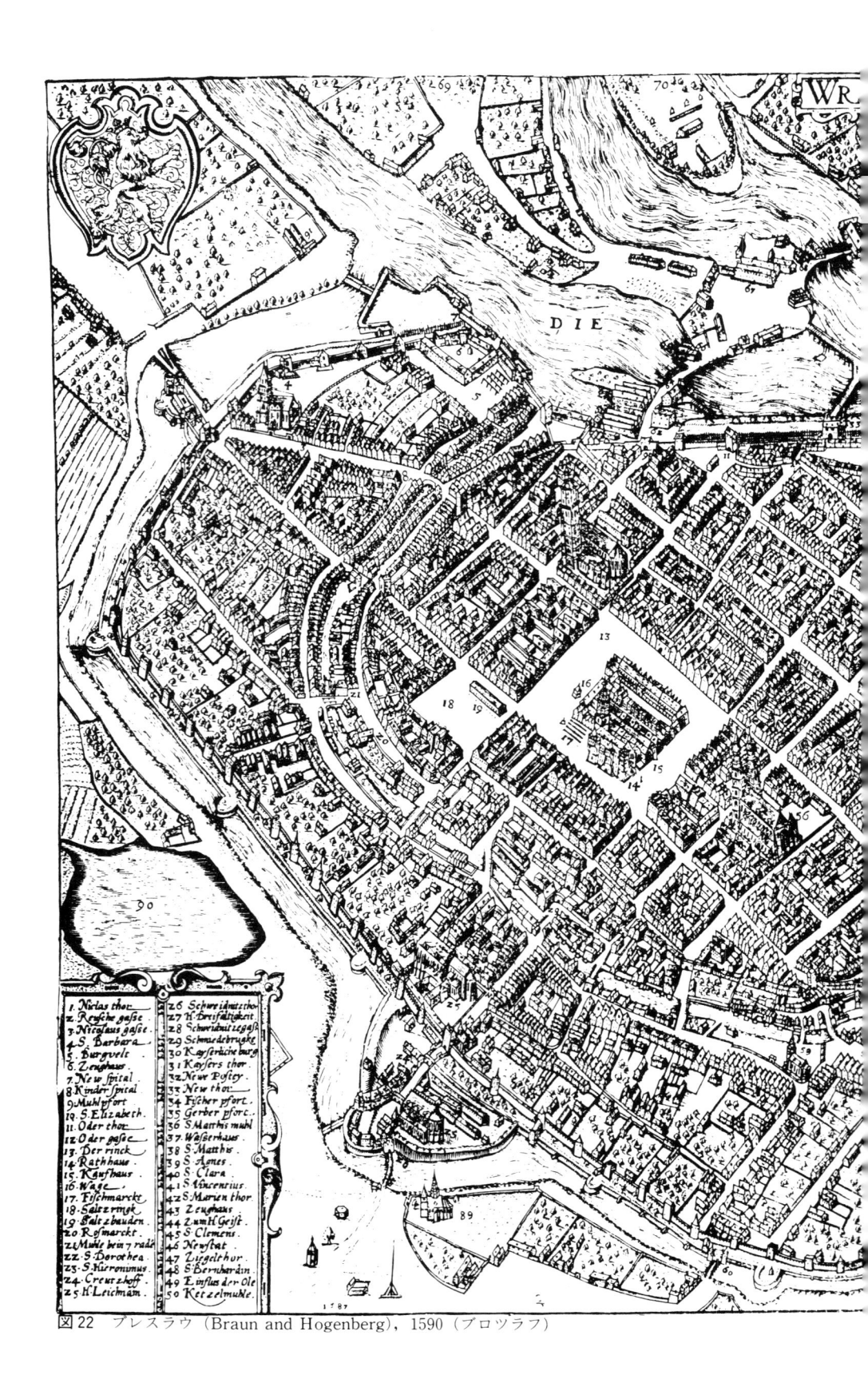

図22 ブレスラウ (Braun and Hogenberg), 1590 (ブロツラフ)

| | |
|---|---|
| 51 S. Albricht | 72 Elbing |
| 52 Albrichts gasse | 73 Eilf 1000 Jungfrau |
| 53 S. Catharina | 74 S. Claren mühle |
| 54 Newmarcke | 75 H. Leichnams mühl |
| 55 Heringbauden | 76 S. Marien mühle |
| 56 S. Maria Magdale | 77 S. Anna |
| 57 Olssche thor | 79 der Sant |
| 58 Olsche gasse | 80 der Thum |
| 59 S. Christophores | 81 S. Petri und Pauli |
| 60 Taschenthor | 82 S. Martinus |
| 61 Vor der mühlen | 83 die Burgk |
| 62 Wasserhaus | 84 H. Creutz |
| 63 Mittelmühle | 85 S. Ioannes |
| 64 Malcmühle | 86 Bischo s hoff |
| 65 Schleiff mühle | 87 Ziegelscheune |
| 66 Brettmühle | 88 vor S. Mauritio |
| 67 Hinter mühle | 89 New begrebnus |
| 68 Papyr mühle | 90 Meyseteich |
| 69 Burger werder | 91 Saltzhaus |
| 70 Schiesswerder | 77 S. Maria |
| 71 Walckmühle | |

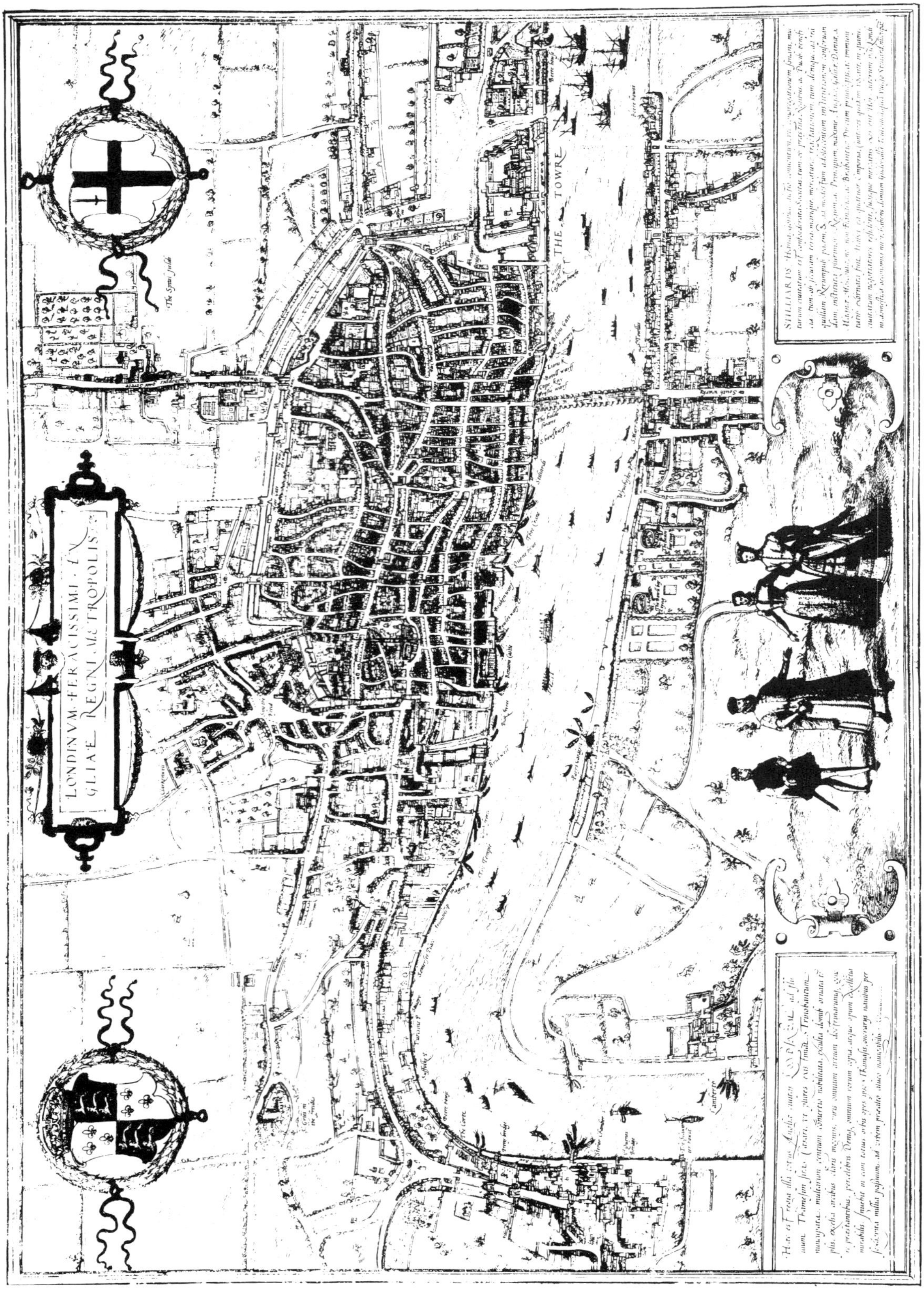

図23 ロンドン (Braun and Hogenberg), 1574ごろ

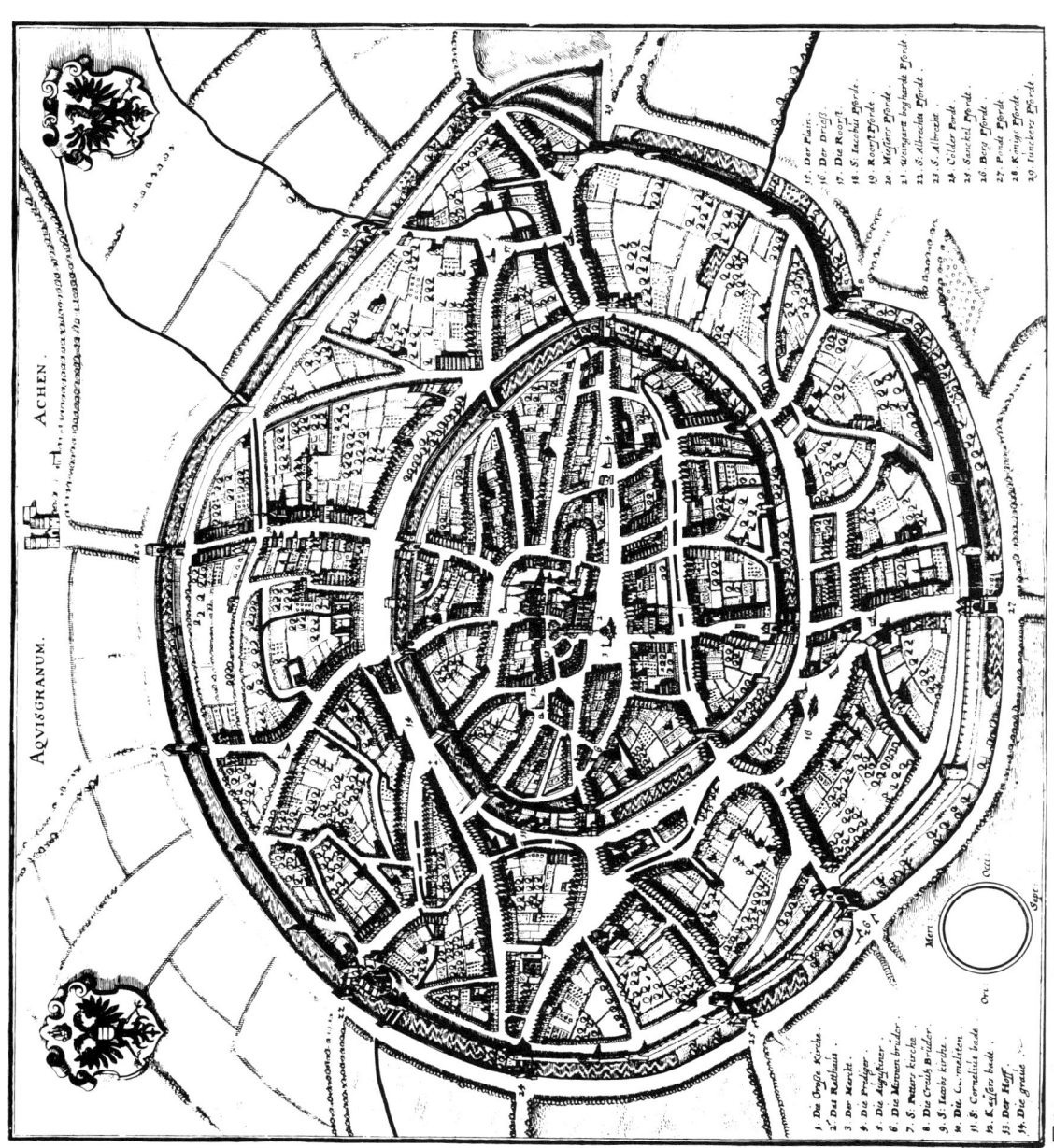

図 24 アーヘン, 1649

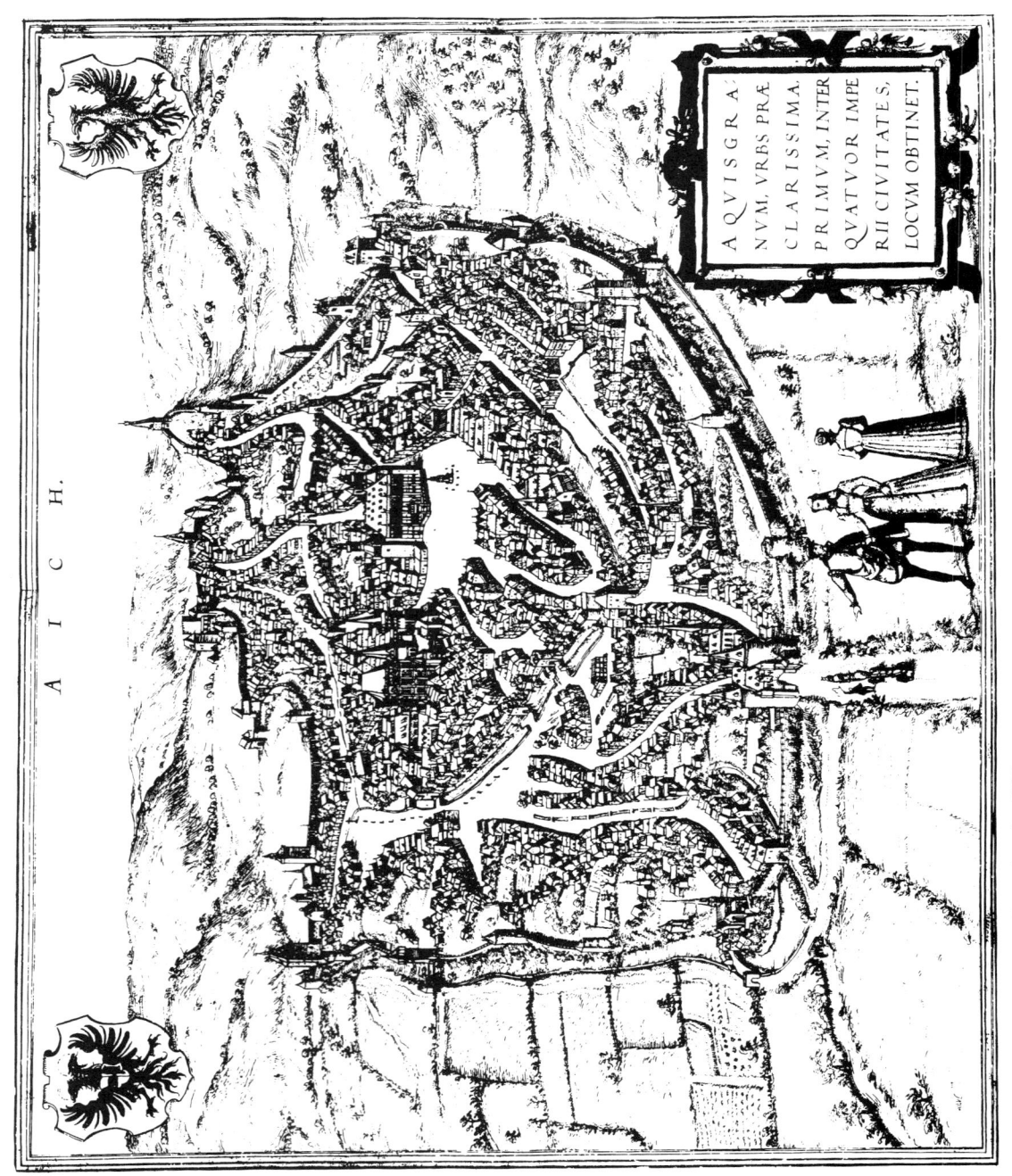

図25 アーヘン (Braun and Hogenberg), 1574

図26 シュトラスブルグ，1653

51

GENEUE.

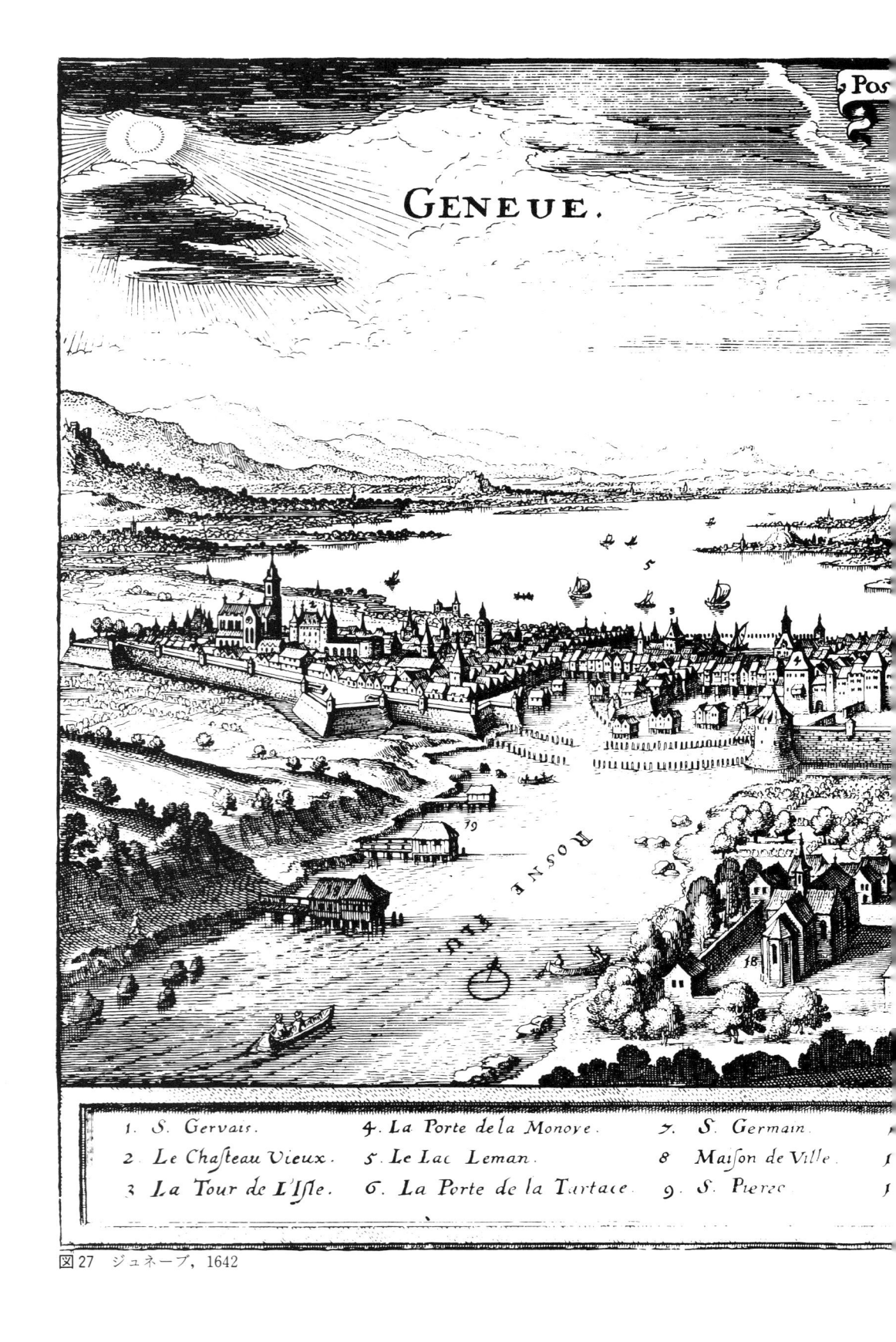

1. S. Gervais.
2. Le Chasteau Vieux.
3. La Tour de L'Isle.
4. La Porte de la Monoye.
5. Le Lac Leman.
6. La Porte de la Tartace.
7. S. Germain.
8. Maison de Ville.
9. S. Pierre.

図27 ジュネーブ，1642

# Genff.

| | | | |
|---|---|---|---|
| Porte de Treille. | 13. Boüleuerd du Pin | 16. La Porte Neufue. | 19. Moulins. |
| ſons. | 14. Boüleuerd de S. Legier | 17. Boüleuerd de Loye. | |
| oſpitale. | 15. Porte de S. Legier. | 18. L'Hoſpitale. | |

図28 ジュネーブ, 1642

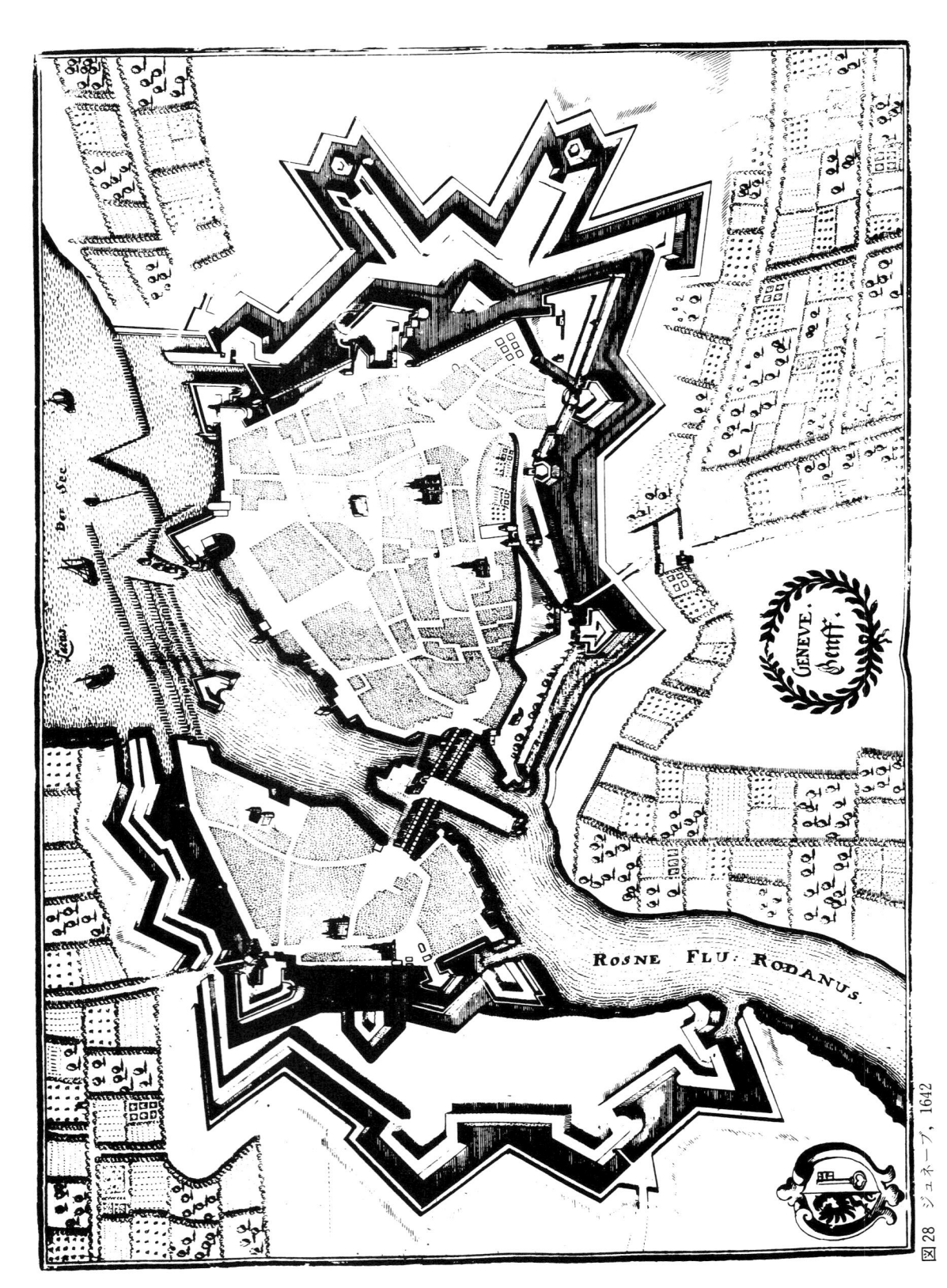

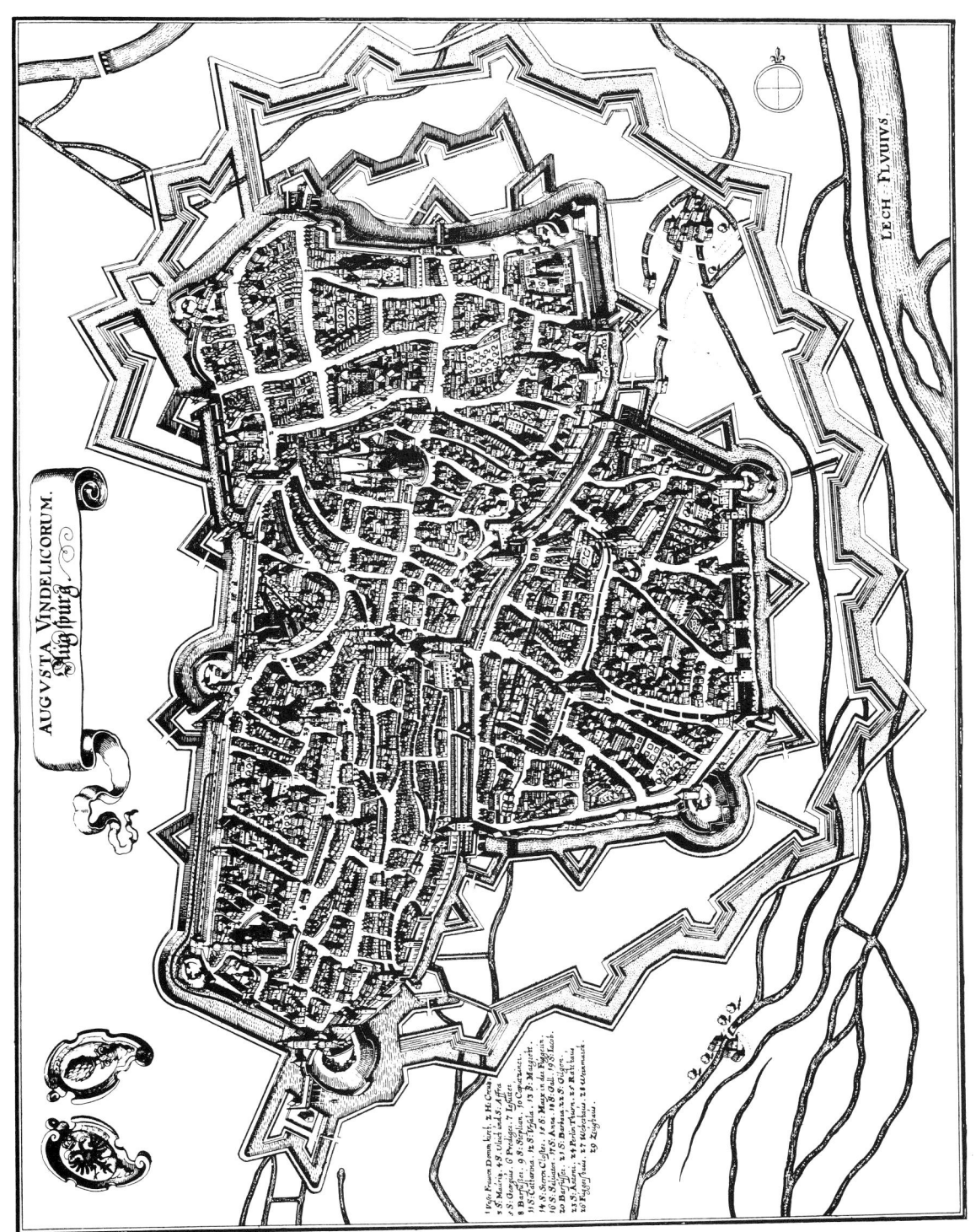

図29 アウグスブルグ, 1643

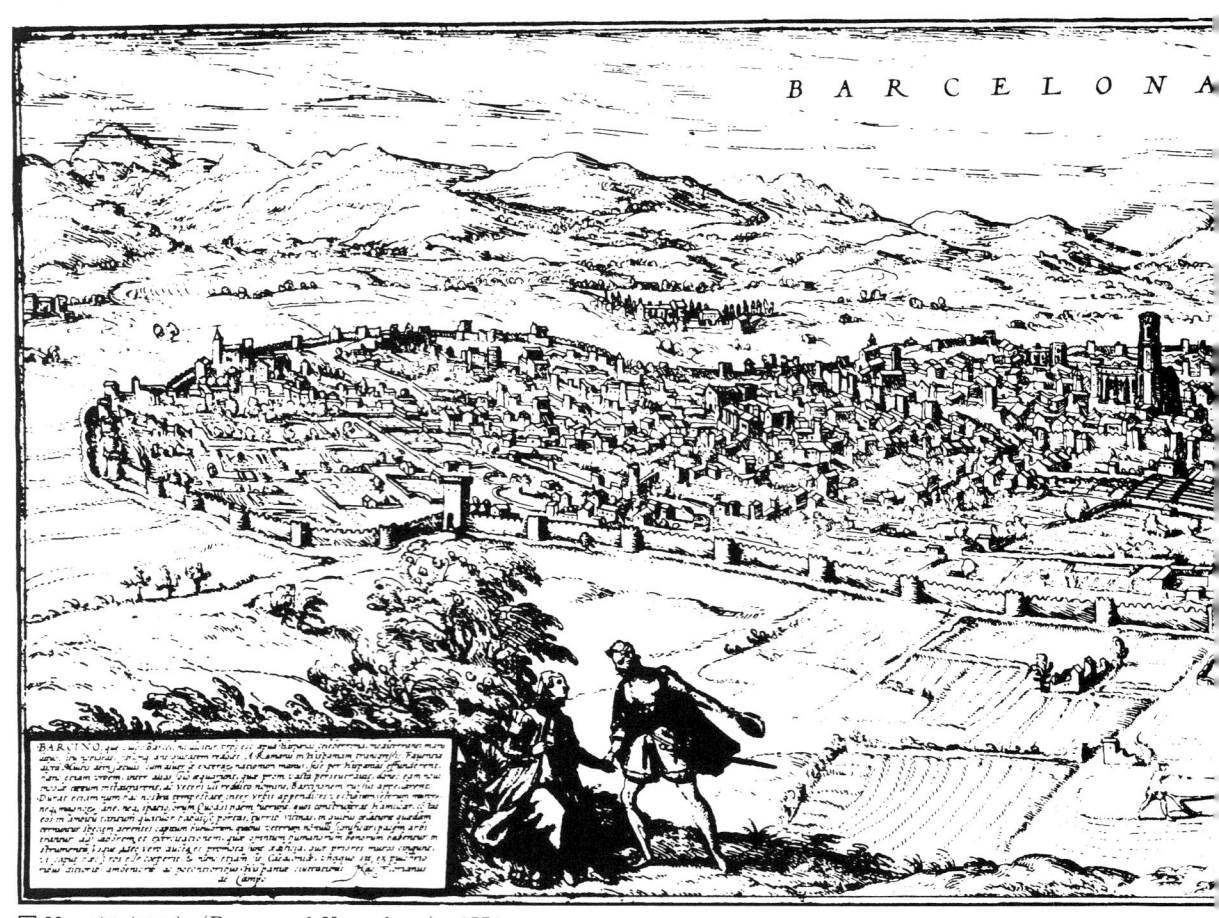

図30 バルセロナ (Braun and Hogenberg), 1574

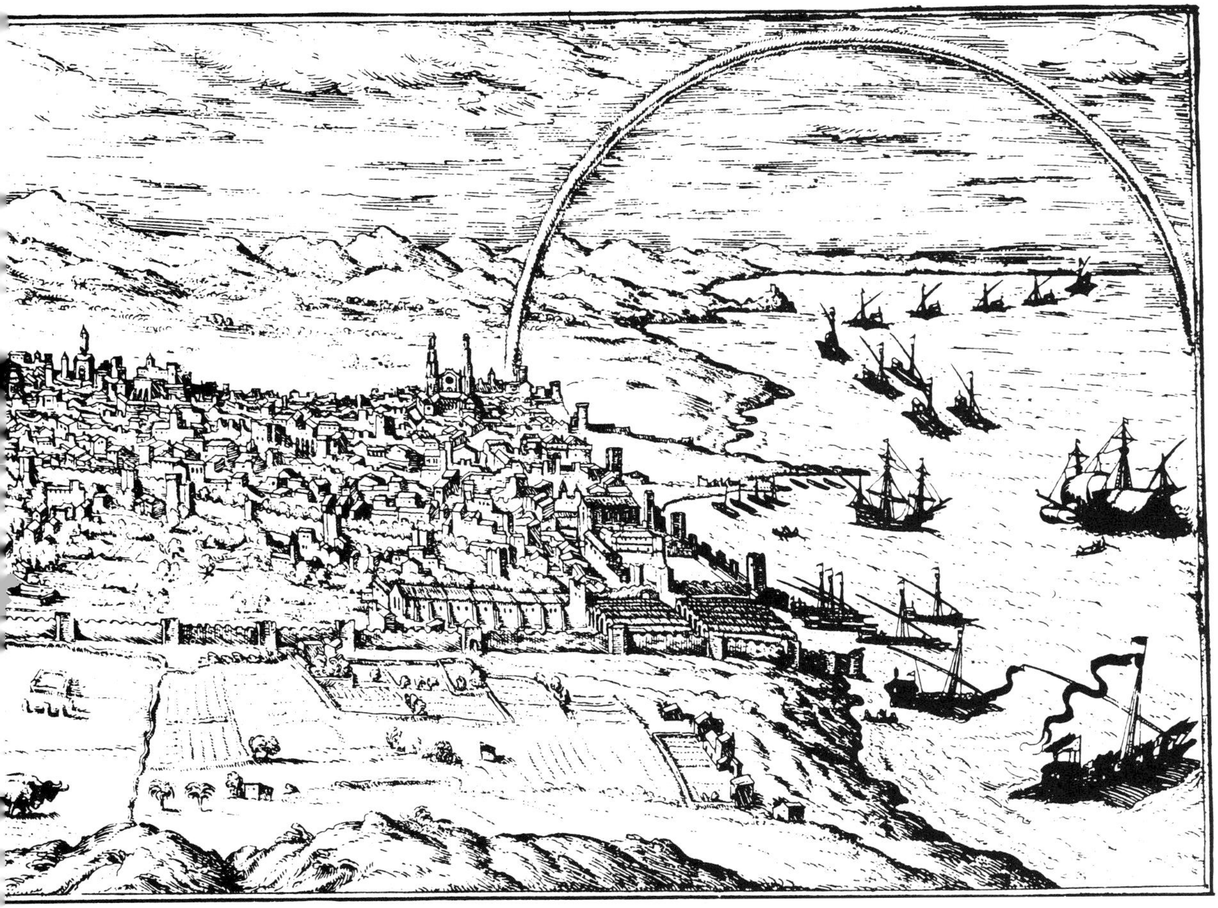

図 31 ハンブルグ，1653

図 32 チューリッヒ, 1642

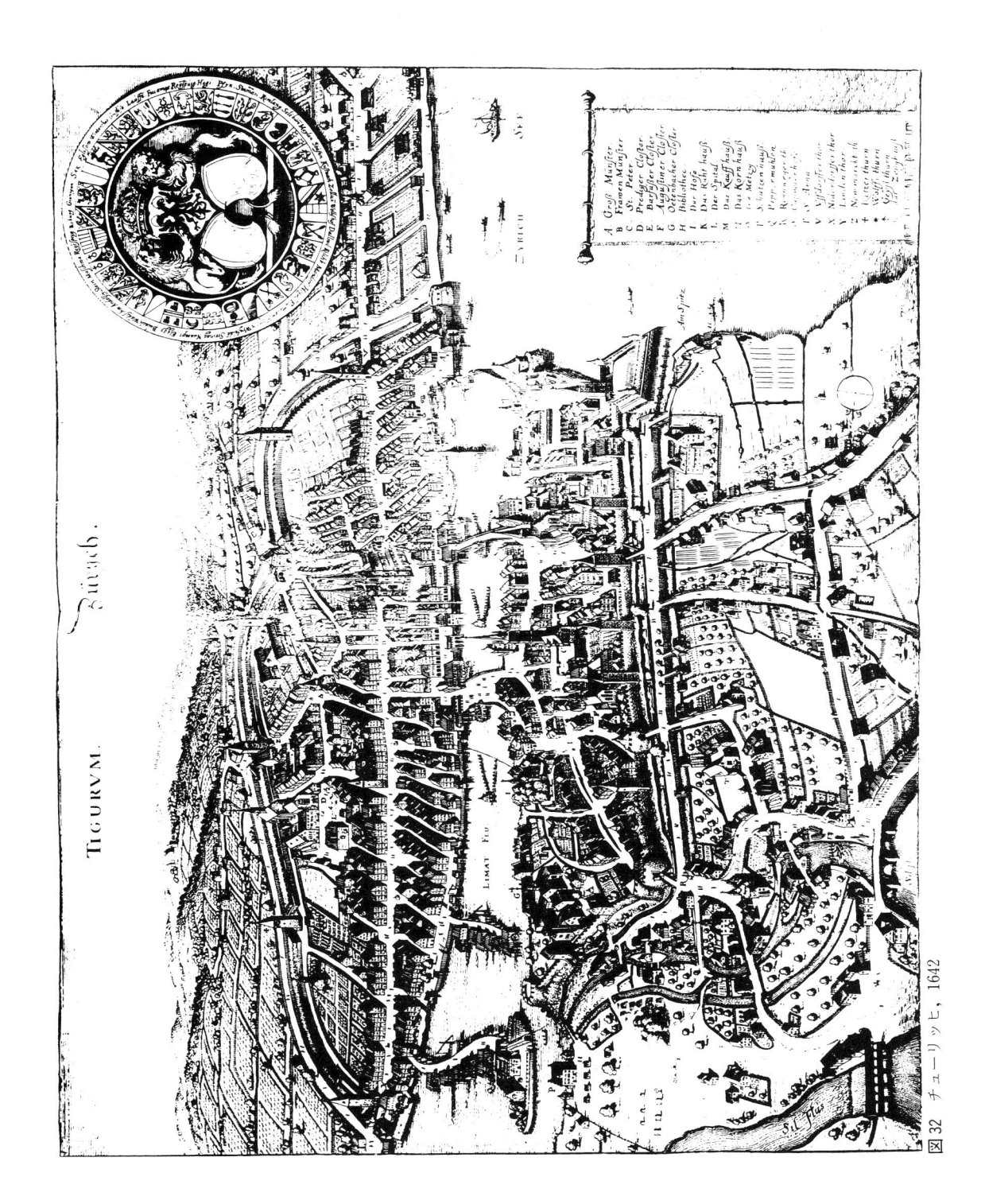

図33 ランス, 1655

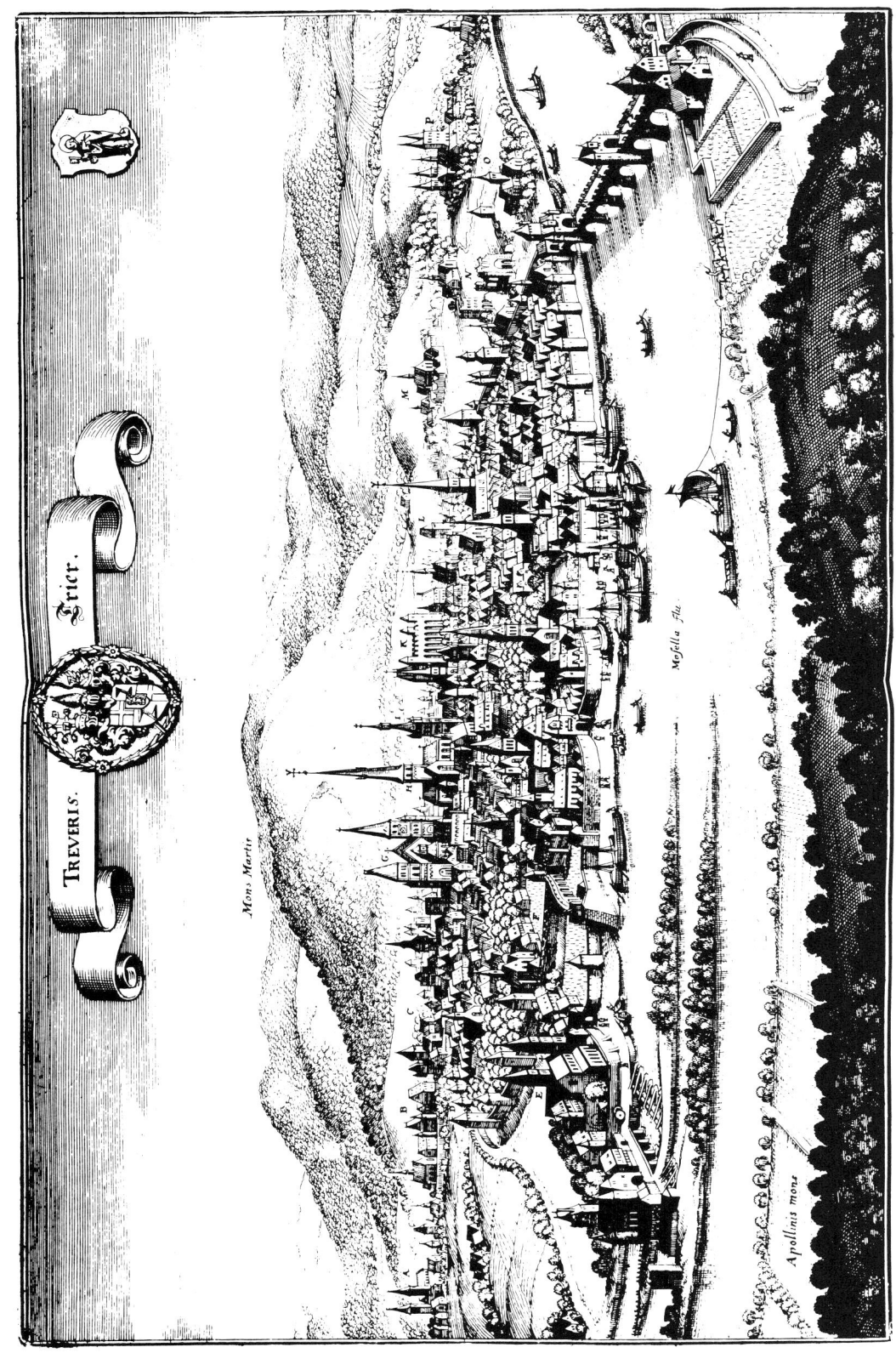

図34 トリアー，1646（トリール）

図35 ハイルブロン,1643

図 36 ベルン, 1642

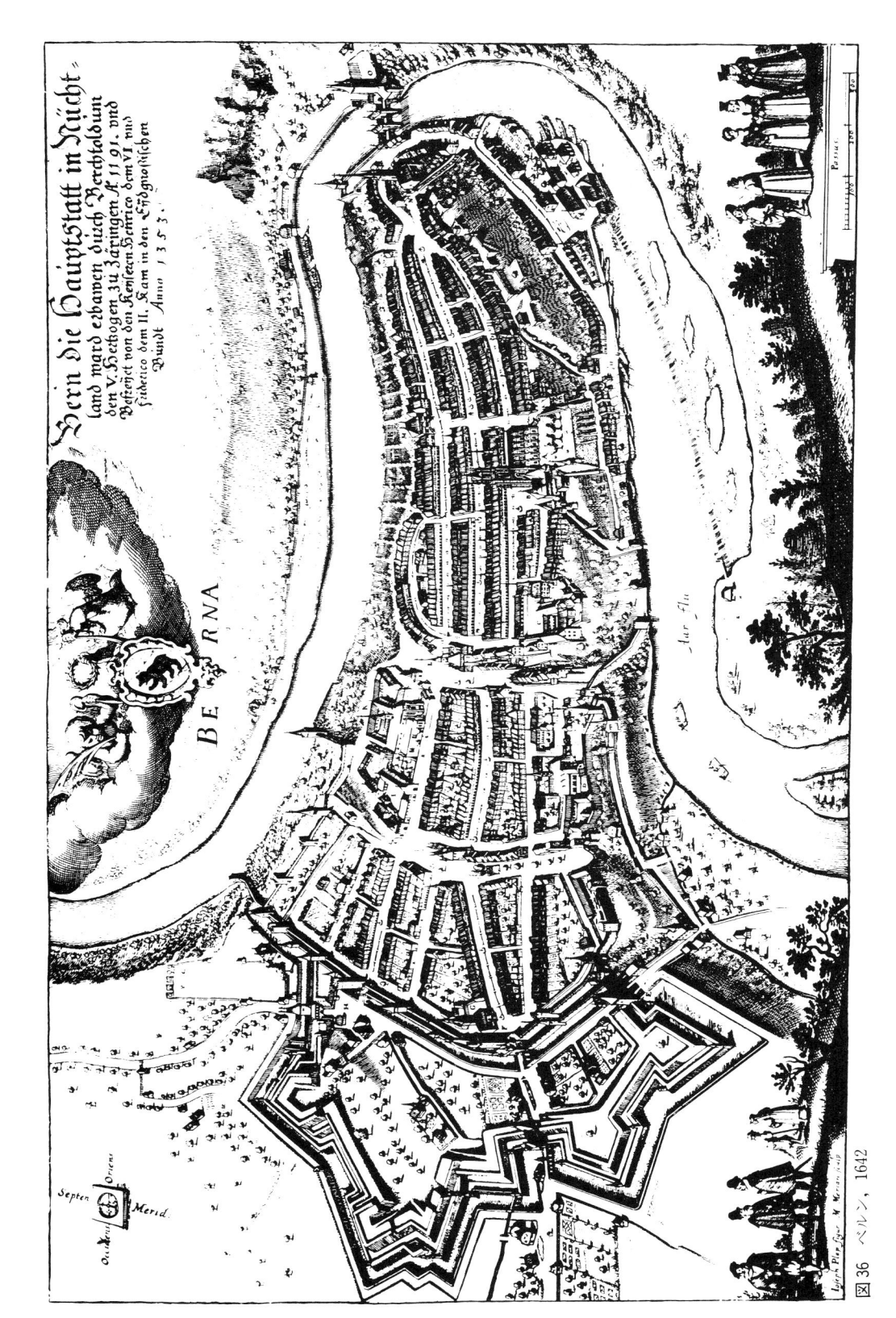

図37 ウルム, 1643

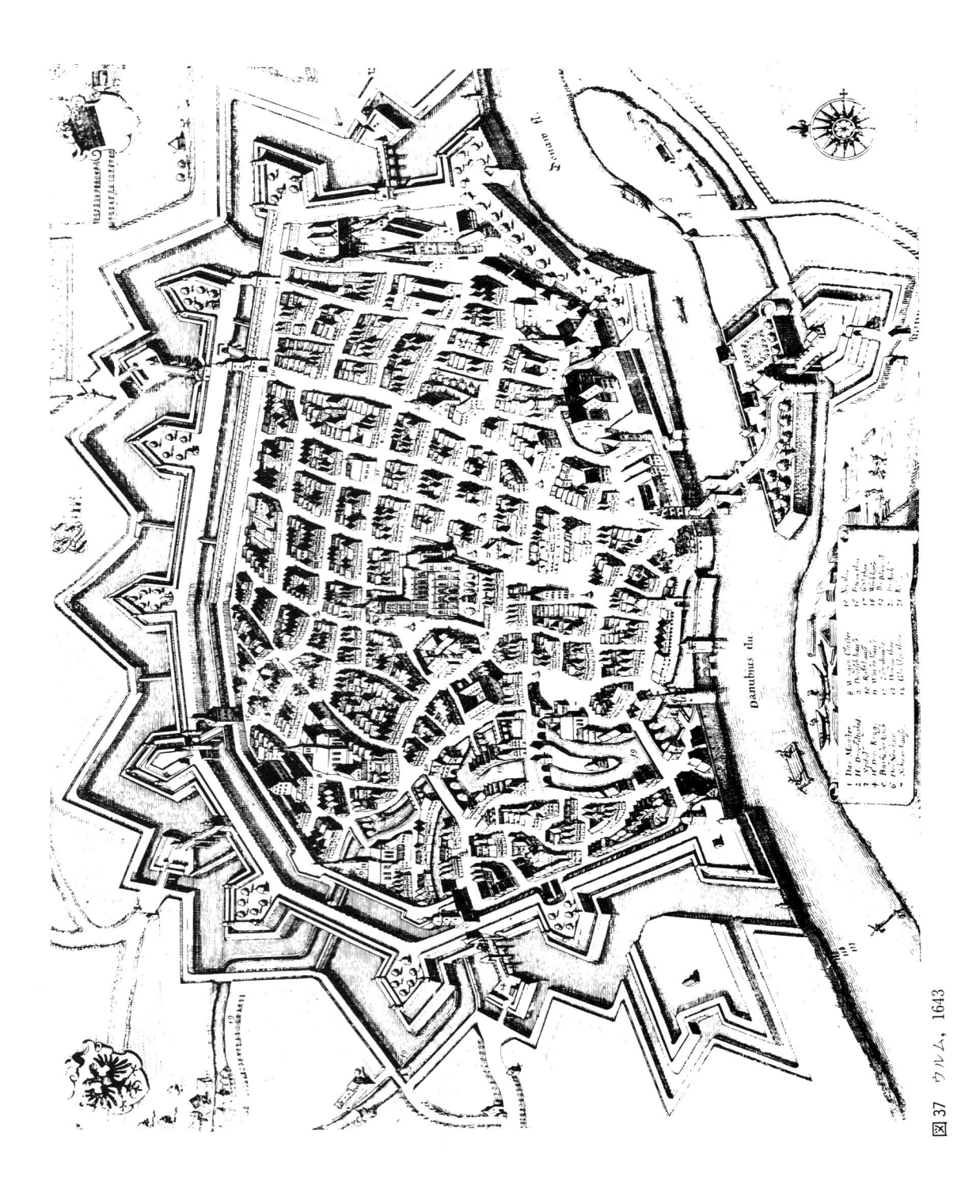

図38 フランクフルト・アム・マイン，1646　石橋が郊外のザクセンハウゼンを結びつけている。

図39 フランクフルト・アム・マイン，1646

図41 ロンドン，サウザックからの眺め，1630-1640 ごろ

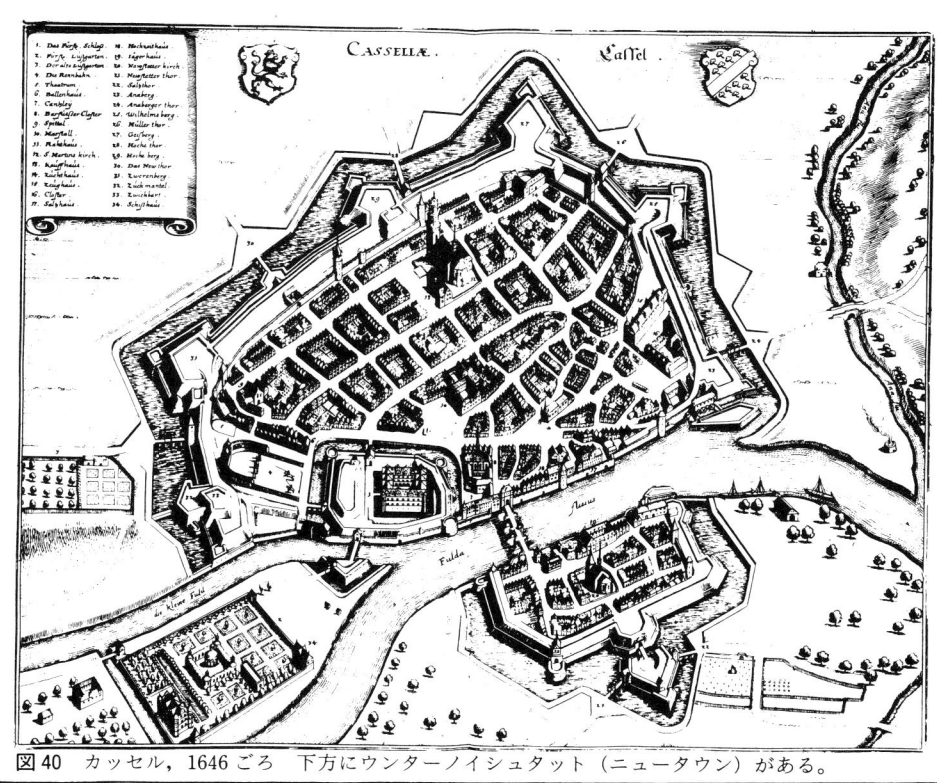

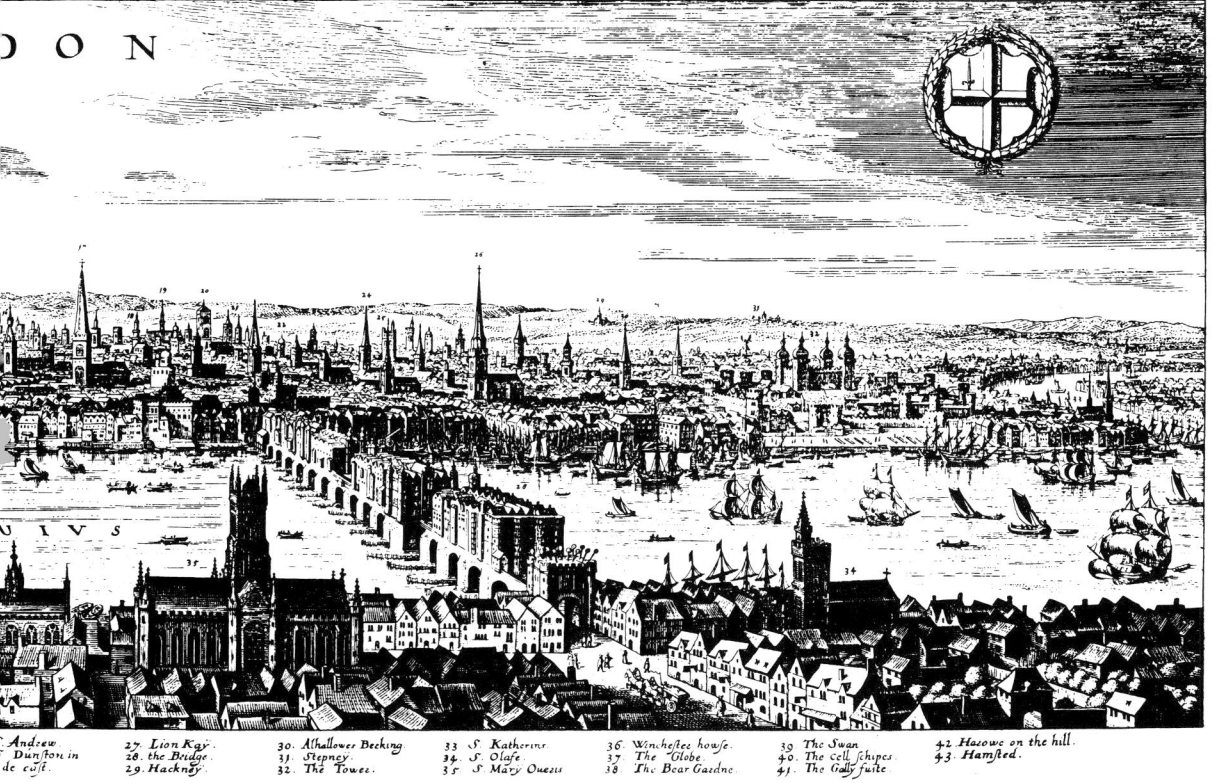

図40 カッセル，1646ごろ 下方にウンターノイシュタット（ニュータウン）がある。

図42 コローニュ，1646

図43 ゴスラー，ペテロシュトラッセ

# 私有空間と公共空間のせめぎあい──都市形態はいかにしてきまるか

## 都市に働く2つの力

中世都市には,さまざまの日用品の市場として機能する場所がある。実際,中世都市にはそのような場所がふつう数箇所あった。ヘイマーケット*1,マルシェ・オ・ポワッソン*2,ゲンゼマルクト*3,カンポ・ディ・フィオーリ*4,メルカト・ヴェッキオ*5,ニュトー*6 といった名称がこれらの場所の特徴を示しており,私たちの注意をひきつける。それらは多彩な活動の場所である。人々が声をはりあげ動き回る。そして大部分の場所が今日なお有用な機能を果たしつづけている。しかし,こういった商業のための特別の空間が存在していたからといって,次の基本的な事実を忘れてしまってはいけない。つまり,中世都市全体が市場であったということだ。商業およびそののための生産は,都市のあらゆる場所で続けられていたのである。空地でも建物でも,公共空間でも私有空間でも。

都市壁内では空間が限られていた。2つの基本的に相対する勢力がこの限られた空間をめぐって競っていた。私有空間と公共空間との争いである。

個人が中世都市の中で必要としたのは,生産・商売・住居のための空間であった。このうち重要なのは前二者であり,それらにとって好ましい位置が望ましい場所とされた。発達しつつある中世都市がかかえる無秩序の中では,経済的に生き残ることが第一であって,住居とか,そのありうべき快適性とかは明らかに二の次だったからだ。一般に,個人の経済活動の中心とその住居の場所とは一体だった。物理的な距離によってこの両者を分離する経済的な正当性はまったくなかったし,両者が両立しそうもないなどとは思ってもみないことだった。

おそらく,都市内における公共空間と私有空間との最も基本的な相違は,だれでも入り込むことが可能かどうかという点にある。公共空間は,その定義からして入り込み可能の空間。比較的制限が少なく,誰でも出入りできる空間である。私有空間は,閉じられているものであろうと開かれているものであろうと,入り込むことは不可能。所有者の同意なしに利用したり,通行したり,中へ入ったりすることはできない空間である。

しかし,物資とサービスの生産および交換という都市の基本目標は,買い手が売り手と出会うことによって達成されるのである。そのためにはどうしても,

*1 干し草市場, ロンドン
*2 魚市場, パリ
*3 がちょう市場, ハンブルグ
*4 花の広場, ローマ
*5 古市場, フィレンツェ
*6 新市場, コペンハーゲン

物資と人間が自由に動きまわり，お互いにやりとりすることが必要だ。それゆえに私有空間を広げたいというおさえることのできない欲求があるにもかかわらず，私有空間は決して変わることのない公共空間が必要だという逆襲に出合う。都市は公共空間をもたねばならないのだ。

しかし，物資および人間の交通だけが考慮すべき唯一の要素ではない。そのほかに，都市壁内で定期的に合法的な仕事につきながら，仕事を進めていくための私有空間を都市内にもたない人々がいる。その最も典型的な代表が農民である。彼らは都市で作物や家畜を売ろうとした。たとえ村へ帰る前に宿屋に一泊したとしても，言い換えれば一時的な住居として私有空間を借りたとしても——現金が乏しくてありそうもないことだが——彼らはそれでもまだ，自分のものを売るための場所を必要としたであろう。あるいは，ときどきやってくる遍歴商人がいる。彼らは珍しい物資を扱い，とりわけ小さな，それほど国際的でない町で歓迎された。旅役者がまわってくることもあった。そのほか，公共の管理する建物やさまざまな宗教施設がなりたつためには，一定量の公共空地が隣接していることが必要だった。

結果としての都市形態と，その建物・街路・大きな公共空間が有する性格は，公共的関心と私的関心との相互作用によって決定される。時に，中世都市が古風で趣きがあり魅力的なのは，計画もなく「ただ成長した」からだと考えられることがある。しかし，実際の中世都市は経済・社会・政治行動という把握可能なパターンにしたがって形成されたのである。

## なぜ規則的な形にならなかったのか

16世紀のコンキスタドール conquistadores に対するスペイン国王の指示によれば（インド諸国法 Laws of Indies），新大陸に設立されるスペイン植民都市には一定のパターンが決められていた。そのパターンの特徴は，都心に君臨するメイヤー広場 plaza mayor に現れている。それは，主要な行政および宗教建物，そして住区を形成する格子状街路パターンによって囲まれた広場である。考え方はローマおよび中世植民都市のプランに由来する。この大きな広がりをもった公共空間は，国王の命令があればこそ創り出されたもので，各居住地が特に必要としたとか，繁栄のためとかいうこととは無関係であった。うまくいけば，これらの広場は，設立者の期待どおり生き生きした公共および商業活動でにぎわう焦点となったが，そうでない場合には，国王の意図と悪い立地条件という厳しい現実とが合致せず，容赦ない太陽に照りつけられ，定期的におそう地震にゆさぶられるほこりっぽい広場となった。絶望的な貧困の支配するごみごみとした中心地となった。しかし成功もあれば失敗もありうるということは織り込みずみであった。基本的な建物への資本投下が利益を生むこともあっ

たし，生まないこともあった。どんな場合でも，そのデザインはあらかじめ決められていた。それは予測される状態に対し，過去の先例に基づいて下された仮定の上にたった合理的な解答であって，個々の事情に対しては不変であった。こんな都市計画が可能なのは，スペインが中央集権国家だったからである。そのような国家は，まったく新しいスケールの人的・物的資源を自由にすることができ，すぐさま成果を要求する世界規模の野望をいだいていた。そういう状態では危険を犯すことも可能で，何パーセントかの失敗はまえもって割り引かれていたのである。

中世都市の公共空間が，どうして共通した形で造られなかったのかという説明のために，ルネサンスのアーバンデザインの例を述べてみた。中世には，この種の図式的計画を実行するために必要な政治権力を集中的にもつ権威は，どの点からみてもまったく欠如していたのだ。また，都市という道具を造るために必要な主要要素である物質上の富も不足していた（付1をみよ）。このような状態では失敗するかもしれぬ危険を犯すことはできなかったのである。都市の形態は既成の条件に適合していなければならなかった──というよりはむしろ，これらの条件が都市を形づくったといえる。

内在する様々な力が同時に2つの方向へ働き，都市を形づくったのだ。公共空間を必要とする力は，建築線つまり私有空間をあらゆる方向から押し下げようとした。私有空間への関心は，たえずその経済的・政治的な力の限界ギリギリまで公共空間を侵食しつつあった。中世都市は，経済力を操作するための道具であるというのが第一義であるから，少なくとも理論上は，経済力と政治力は一体であった。ただ現実には，ほかにも考慮すべき外部的要因があり，それらが都市に働く2つの力の理念上のバランスを人為的に変化させた。

## 私有空間に侵食される公共空間 − 街路

街路は，都市における公共空間のなかでも，最も基本的かつ最低限の単位である。しかし，すでに述べてきたように，中世都市が生きのびるための街路の必要性は，私的空間の建設を求める要求と直接争いあう状態にあった。その結果，街路幅は次のような単純なルールで決まることになった。つまり，物資および人間の移動がギリギリ可能な幅ということだ。建物はそれに面する街路を侵食する傾向にあった（あるいはその他の公共空間，たとえば橋も，その両側に並ぶ家に侵食された）。この侵食が成功するかどうかは，そこに住む建て主の相対的な政治力によった。だから中世都市の不規則な建築線は，そこに住んでいた人の地位とか権力がどれほどのものであったかを教えてくれる。

ヨーロッパ全域の中世都市に遺されている公共関係の記録には，街路幅，越えてはならない建築線，建物の張出しが許される最低の高さなどを決める法律が

たくさんある。これらの規制手段は，病気の治療方法というよりも症状を示すものだ。侵食が最高度に達すると，建物は街路を越えて広がり，通行のための最低高さのくぐり抜け通路を残すのみとなる。ヴェネチアのソットポルティコ sotto-portico は，今なお残る極端な例である。

不要になった内側の都市壁は，取り払ってしまおうという動機がない場合，建ったまま残されており，侵食される公共空間の代表例となった。その廃墟の中には貧しい人々の住まいが点在していたし，塔は豊かな市民たちに買収されて住居に用いられた。都市壁のその他の部分は住宅の一部として利用された。たとえば，壁と向かい合わせに家を建てるとか，壁をぶちぬいて建てる，壁の上に建てる，などといった方法で住宅の壁・屋根・床に利用された。

### 公共空間の力がまさる場合 - ラルゴ

都市には，公共空間を広げようとする力の集中する地点がある。力の集中によってその地点の周辺には空間が広がってゆく。そのような地点の第1の例は，都市門のすぐ内側の街路である（ローマ：図44）。私たちは，門のすぐ外側の地区が，どのような経過を経て都市拡張の焦点となったかをみてきた。門のすぐ内側の空間は，それとはまったく違った側面をもち，土地利用も異なる。この地区の性格をもっとよく理解するためには，壁内で仕事をせねばならないがそのための私有空間をもたない人，つまり門を入ってきたばかりの人の境遇を考えてみるとよい。門の前で待つ段階がようやく終了したばかりのその人を，たとえば，市場へ作物をもってきた農民とする。

彼はやっと目的地へ達したところ，今や都市の中，つまり市場の中にいる。長かった道のり。たぶん彼は，夜明け前に家を出てきたのだ。そして門が開いた直後に町へ入った。やっとの到着。しかし，町へは見学に来たのでもなければ，今日が聖徒のお祝いの日だというわけでもない。ふつうの働く日だ。では，どんな力が彼を遠い町までひきよせたのか。重い荷車を，なぜわざわざ遠くまで運んできたのか。彼にとって門の内側はすべて一体の「中」なのだ。「外」からみれば遠すぎるほど遠い「中」なのだ。門を入ったすぐその場で，彼は屋台を開き，商品の呼び売りをはじめる。他の人々がそれに加わる。市場の誕生。やがてこの市場は，その地点での伝統となり，時には特定の物産に特殊化されていくこともあった。私有空間拡大の要求と競い合いながら，経済力を蓄え，それを圧倒してゆく。経済的・政治的なやりとりの緩やかな過程の中で，街路は門の近くで少しずつ広がる。こうしてついに，門のところに広い端部をもち，町の中心へ向かって徐々に狭くなるじょうご型の空間が形成される（ニュルンベルグのコルンマルクト[19]：図45，アントワープのパールドゥンマァルクト[20]：図58，パリのプラス・バドエール[21]とサンタントワーヌ[22]通り：図8，

19) Kornmarkt
20) Paardenmankt
21) Place Badoyer
22) Rue Sant-Antoine

ミュンヘンのノイハウゼルシュトラーセ[23]：図46, 19世紀に改造される前のピアッツァ・デル・ポポロ[24]：図44, トレド：図47)。イタリア人は，このような空間をラルゴ largo とよぶ。ラルゴとは，いくらか漠然とした空間的な広がりのことである。

## 市場広場の形成 – 特にテュービンゲンとパリを例として

中世都市では，あらゆる空間，あらゆる街路が，狭いものも広いものも含めて，種類や程度の差こそあれ「市場」であった。中世都市の，狭い街路の高密なネットワークを断ち切るような大きな空間は，後の段階になって現れた。これらの空間は，"Market"，"torg"[25]，"plein"[26] あるいはラテン語の "platea" からの変化形の名称をつけて一般に知られているが，それぞれ特徴的な歴史と形態をもっている。中央広場が，前もって計画されたプランの部分つまり一区画であったローマの植民都市（あるいは付1に述べる中世末期につくられたその末裔）に比べ，大部分のヨーロッパ都市が11世紀における発達の出発点とした初期中世の線状あるいは円環状の町は，規模がきわめて小さく都市活動も不活発だったので，あらかじめ計画された「マーケット・プレイス」をもつほどではなかったのである。このような状況の下で特徴的なことは，徐々に勢いを増していった商業活動の方が，建物に取り囲まれた "platea" よりも先行していた。つまり経済が鶏で，都市は卵であったということである。ただし，かつてのローマンタウンにあった古代のカピトリア capitolia[27] が生きのびてきた，町の中心にあってふつう長方形をした市場は，この法則からみると例外である。たとえば，フィレンツェのメルカト・ヴェッキオがその例で，19世紀終わりに破壊されるまで旧市街地の中心として繁栄した（図18）。

より一般的には，連続的または散在的だった商業活動が，初期集落の縁辺部に新たに集中し発達した。そこには，まだ利用できる大きな空地があったからだ。初め市場は，街路沿いの集落（線形クラスター）端部の建物で閉じられていない土地，あるいは壁で囲まれたブール bourg（円形または半円形クラスター）の門のすぐ外側の閉じられていない土地に設けられたから，これら市場の物理的な大きさは，内在する経済的ポテンシャルによってのみ規定された。これら市場のまわりに，私たちがすでに議論してきた典型的なフォブールが発達した。この新しい集落は，強力な経済力を有しており，やがて都市壁の拡大とともにその中に取り込まれていったのは当然の結末であった。広場 platea が，キノコのように成長するフォブールによって次第に取り囲まれていったとき，拡大しようとする公共空間と侵食しようとする私有空間との間に例の闘争が繰り広げられ，最終的な形態が決定したのであった。「公共」活動の圧力とそこから生まれる公共空間の領域は，市場の外側へいくほど小さくなる。その結果，市場の

---

23) Neuhauserstrasse
24) Piazza del Popolo, 19世紀はじめに，Guseppe Valadier の計画によって台形から楕円形アウトラインへ変更された。

25) 北欧語
26) オランダ語

27) カピトリウムは本来，ユピテルの神殿のあるローマのカピトールの丘をさすが，転じて他の都市の同様の場所をさす。

形はたくさんの「じょうご」が放射状に並ぶ形となった。おのおのの「じょうご」は，外側へ向かってしぼみ，市場の側へ開くのである。

シュヴァーベン地方のテュービンゲンの市場は，このパターンの典型例である（図48，図49）。ネッカー河沿い，ホーエンテュービンゲン城の足もとにあった都市集落は，1280年に火事のため大規模に破壊されたと記録にある（図48）。今も残る中世後期の町は，15,16世紀，繰り返し起こった大火に続く再建の結果で，ヴュルテムベルクの君主，エーベルハルト・イム・バルト伯（1496年死去）とその息子ウルリッヒ伯（1550年死去）の住居として短い間栄えたものだ。初期のテュービンゲンは2つの別々の集落から成り立っていた（図48）。ひとつは「アマルシュタット」で，本来農村的な性格の強い村であり，城の北側の谷にあって，アマル河の2つの支流に挟まれていた。もうひとつは，より典型的な都市的集落で，城の下から東側へ向かってネッカー河沿いの斜面にはりついていた[9]。11世紀末までの「ネッカーシュタット」の境界は，ヴァイドレの町の発展に関するいくらか仮説的なプランによれば[28]，だいたい長方形をしており，おおまかにいって後のアウグスティヌス派修道院の敷地から，ホルツマルクト，ネッカー通りを結ぶ線まで広がっていた。その中には，後期ゴチックの先駆けである聖ゲオルク僧会教会（1470年建立）がある。地形は，クローネン通り―キルヒ通り―ホルツマルクトに沿った等高線からアマル河の谷へ向かって北向きに下がっていく。「ネッカーシュタット」の西の境界には1262年にアウグスティヌス派修道院が，北側には1272年にフランシスコ派修道院（後のコレギウム・イルストゥレ[29]，現在はカトリック教神学校）が設立されており，これらが13世紀における町の拡張をあとづける指標となっている。おそらくこのころに2つの別々の町は徐々に合体をはじめたのである。

しかし，私たちは今，この問題に関心を寄せる必要はない。関心を寄せるべきは，現在の中心的な市場の場所と形とについてである。初期には，「ネッカーシュタット」は，壁の中に（intra muros）市場のための余地をもたなかったし，その必要もなかった。現在残っている15世紀後半の建物が，どの程度まで以前の建物の輪郭を繰り返しているか明らかにすることはもちろん難しいが，小さな市場が西門のところ，ミュンツ通りの頭のじょうご型に広くなった部分のすぐ内側にまず形成されたということは言えそうだ。門のすぐ外には，ネッカー河から登ってくる道路（ネッカーハルデ）沿いにフォブールの家々が並び，フォブール広場 faubourg largo を取り囲んでいた。この場所は「ファウレス・エック」（ものうげな角[30]）として知られるが，その名に似合わずにぎやかな場所であった。しかしながら，「ネッカーシュタット」の中心的な市場は，最後には壁に囲まれた町のすぐ北側へ移動し，クローネン通りから下がる斜面上に展開した。成長しつつある町が，この新しい市場をのみこみながら北へ広がり，谷

9　巻末原注参照

28) K. Weidle, Die Entstehung von Alt - Tübingen, 1955

29) Collegium Illustre；貴族出身者のための学校（1588年），1817年からは現在の神学校（Katholisches konvict）となる。

30) Faules Eck, 英語でいうと Lazy Corner

の下方にあるアマルシュタットと合体しそうになっていたころ，公的な関心と私的な関心という相反する力が闘争を開始した。市場の北側に沿う建物の線がほとんどまっすぐにそろっているのは，アマル河の谷を出入りする南北交通の強い圧力に邪魔されて，南側の公共領域へ侵食することができなかったためである。その南北交通とは，シュミートォール通り[31]に沿い，アマル河を越え，クルメ橋を渡り，マルクト通りとヒルシュ通りを抜けて東向きに転じ，キルヒ通りとホルツマルクトに沿い，ネッカー通りをすぎてネッカー河へ下る（平面図の右下）。しかしながら，市場の南東と南西に沿う家々は，南側から市場へ入るためのほんの狭い空地しか残さず公共領域を徐々に侵食していったようだ[10]。この空地は，ヴァイナー通りと，クローネン通りとその下の市場を結ぶ階段との間に，くさびのように打ち込まれた一群の建物によって，いっそうやせ細ってしまった。キルヒ通りとヒルシュ通りとを結ぶ交通流の圧力は，ヒルシュ通りの南端に典型的なじょうご型の広がりを生み出したが，一方マルクト通りに沿った圧力はそれほど強くなかったので，マルクト通りと市場広場の角のところにはじょうご型の空間はできなかった。そればかりか，角の家は現実にここを侵食して，交点のところに狭い通路（ボトルネック）をつくり出した。

市場周辺の空地へ侵食した建物の最も明快な例は，西側の市庁舎である。これは1433年以降の建物である（図49）。中世都市内での公共建物の規模と場所の問題は，またあとで立ちもどることにしたいと思う。ここでは，中世都市において私的・個人的なものは，それほど徹底的に公共空間へ侵入する力をもたなかったと指摘するにとどめる。ヴァイドレは，ハーク通りは本来市場へ向かうまっすぐな東西路であったと考えている。もしこのことが正しいのならば（正しいらしいが），ハーク通りがその東端で南へ曲げられ，市庁舎によって市場への開口部をほとんど完全に封鎖されてしまった経過は，中世都市において競い合う空地と建物間の相互作用の極端な例を示すものだ。

テュービンゲンの市場と同じように，初期の都市壁のすぐ外に市場が形成されることは，全ヨーロッパを通じて共通している（アヴィニヨンの「ル・シャンジュ[32]」：図13，ウィーンのフライウンク[33]：図14，アントワープのグーテ・マルクト[34]：図52およびデ・メール[35]：図53，フィレンツェのピアッツァ・サンタ・マリア・ノヴェルラ[36]：図18，図19）。

パリの主要な農産物市場であるレ・アルと，それと対になる左岸のプラス・モーベル（図8）も，テュービンゲンの市場と似た形態と歴史をもっている。それらがルイ肥満王によって1137年にはじめて設立されたとき，レ・アル市場はパリの当時のアンサーント enceinte（囲壁）の外側，つまり野原（les champeaux）にあった。河岸のプラス・ド・グレーヴにあった初期の市場は，建物の進出であまりにも手ぜまになってきたうえ，ローマ時代の古い橋が徐々

---

31) 本文では Schmiedtorgasse だが，これはおそらく古い呼び方で，現在では Schmidtorgasse

10 巻末原注参照

32) Le Change
33) Freyung
34) Groote markt
35) De Meir
36) Piazza S. Maria Novella

に崩れだしたため,孤立するようになっていた。新しい商業中心が,成長する商業地区の主要南北軸であるサン・ドニ通りへ至る新しい橋のたもと,サン・ジャック・ラ・ブシュリーに定まってくると,町の縁(へり)が新しい市場にふさわしい場所として選ばれたのである。それはやがて,12世紀の間に拡張する都市に囲まれてゆき,ついに1200年ごろフィリップ・アウグストゥス王の城壁の中に取り込まれた。最終的な市場の形は,あらゆる方向から市場へ入る道の頭に形づくられたじょうご型を組み合わせたものとなった。

しかし,街路(ストリート)・ラルゴ largo・広場(プラザ)の形は,人為的なコントロールがなされないかぎり(たとえばシエナのカンポの場合のように),中世都市の中では永遠に固定されることはなかった[11]。無限に拡張を続ける公共空間と永遠に侵食をつづける建物とが,流動的にバランスをとりながら,この相対する力の規模と重要性が変わるにつれ,たえず変化しつづけたのである。

11　巻末原注参照

図44 ローマ，ピアッツァ・デル・ポポロ Tempesta view., 1593

図45 ニュルンベルク，1648 図中番号39にコルンマルクト（小麦市場）

図46 ミュンヘン，1644 アルター・ホフは図中番号20，ノイエ・レジデンツは図中番号16，ノイハウゼルシュトラッセは図中番号32

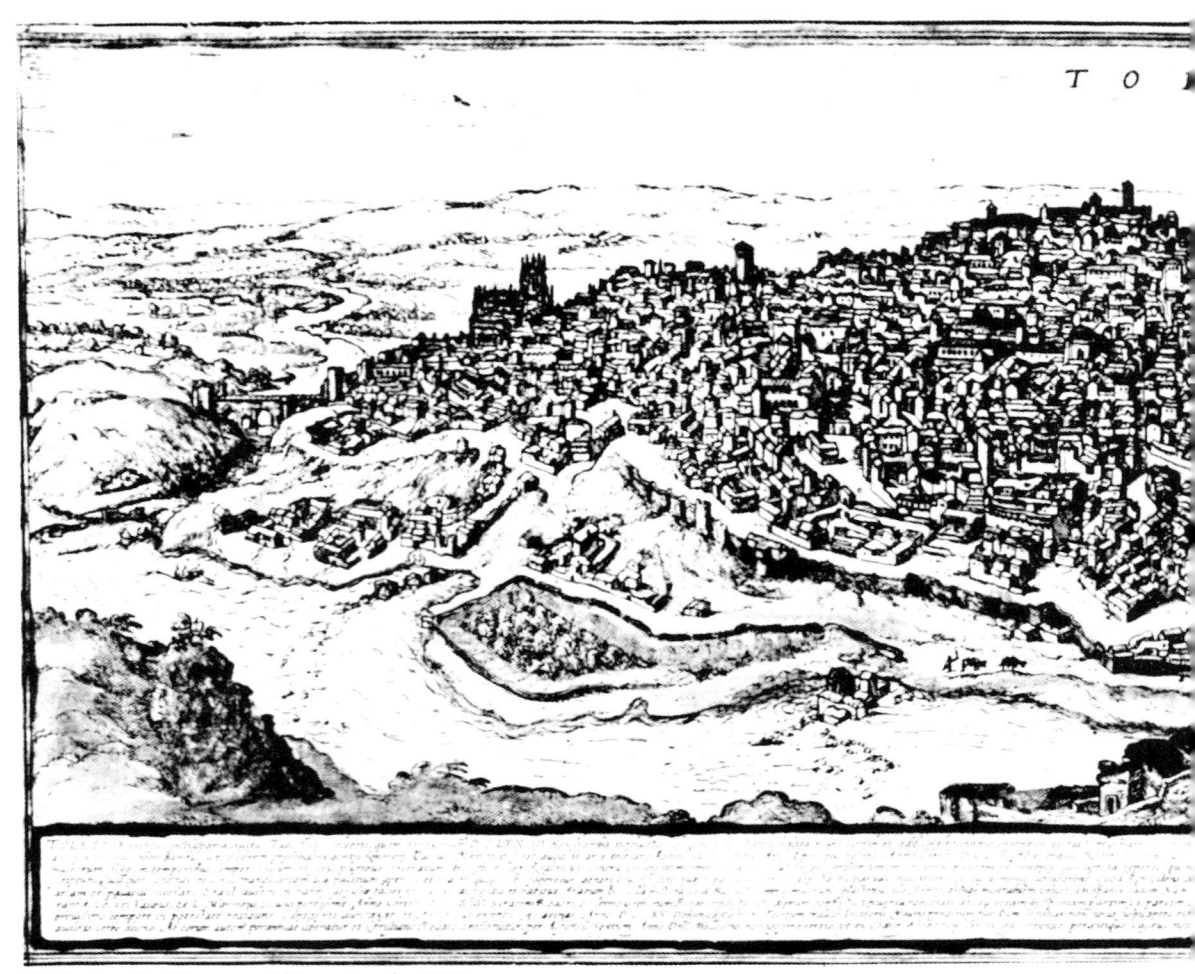

図47 トレド (Braun and Hogenberg), 1574

T   V   M.

図 48 テュービンゲン，1819-1821 のプラン

dem Graben

Gaſſe
Lange
im Naunengäßle
Mezger-Gaſſe
Neue Straſſe
Laſmauer Thor
nach Stuttgart
Gaſſe
Hafen-Gaſſe
Convict
Neue Straſſe
Gaſſe hinter dem Fürchhof
beim Collegio
Kirch.Gaſſe
Hafenmarkt
der Krone
Munz-Gaſſe
Neckar-Gaſſe
unter der Burſch
Neckar Thor

NECKAR
der kleine Wörth.

図49 テュービンゲン,市場と市庁舎(敷地は1433年に購入),建物は15世紀末からのもので,後の時代に変更が加えられている。

図50 テュービンゲンの空中写真,下方左に市庁舎

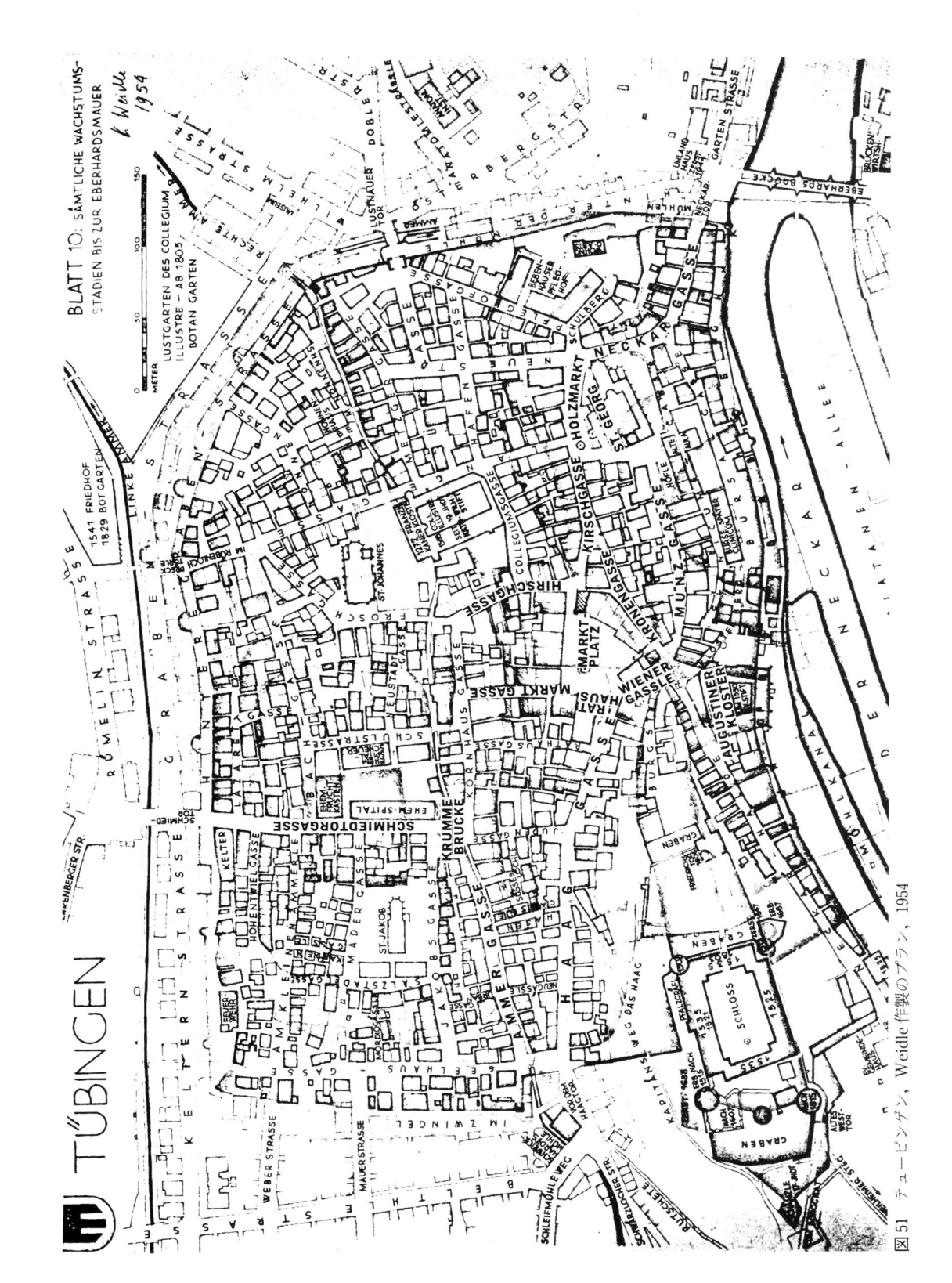

図51 チュービンゲン、Weidle作製のプラン、1954

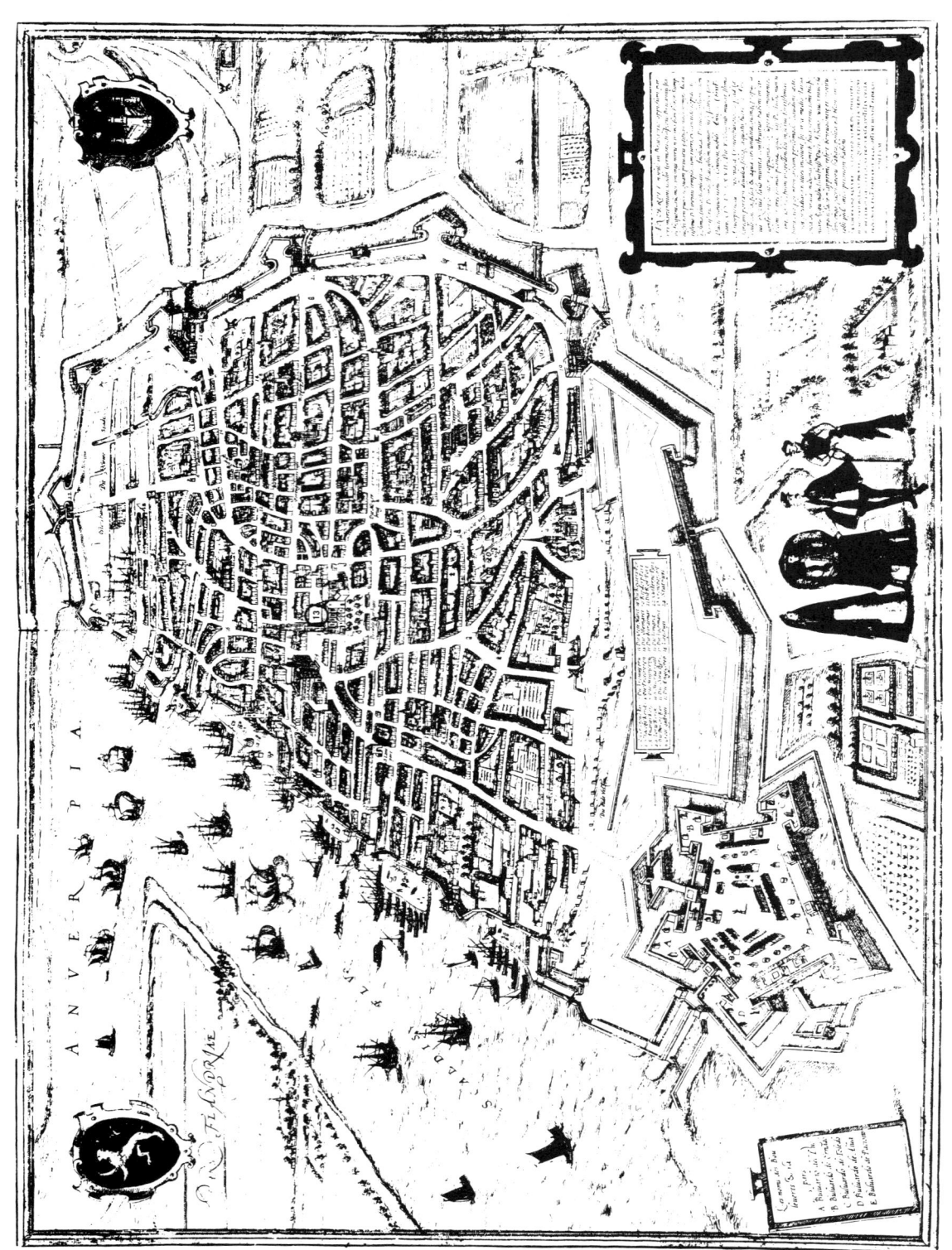

図52 アントワープ (Braun and Hogenberg), 1574 グローテ・マルクトは図中番号13

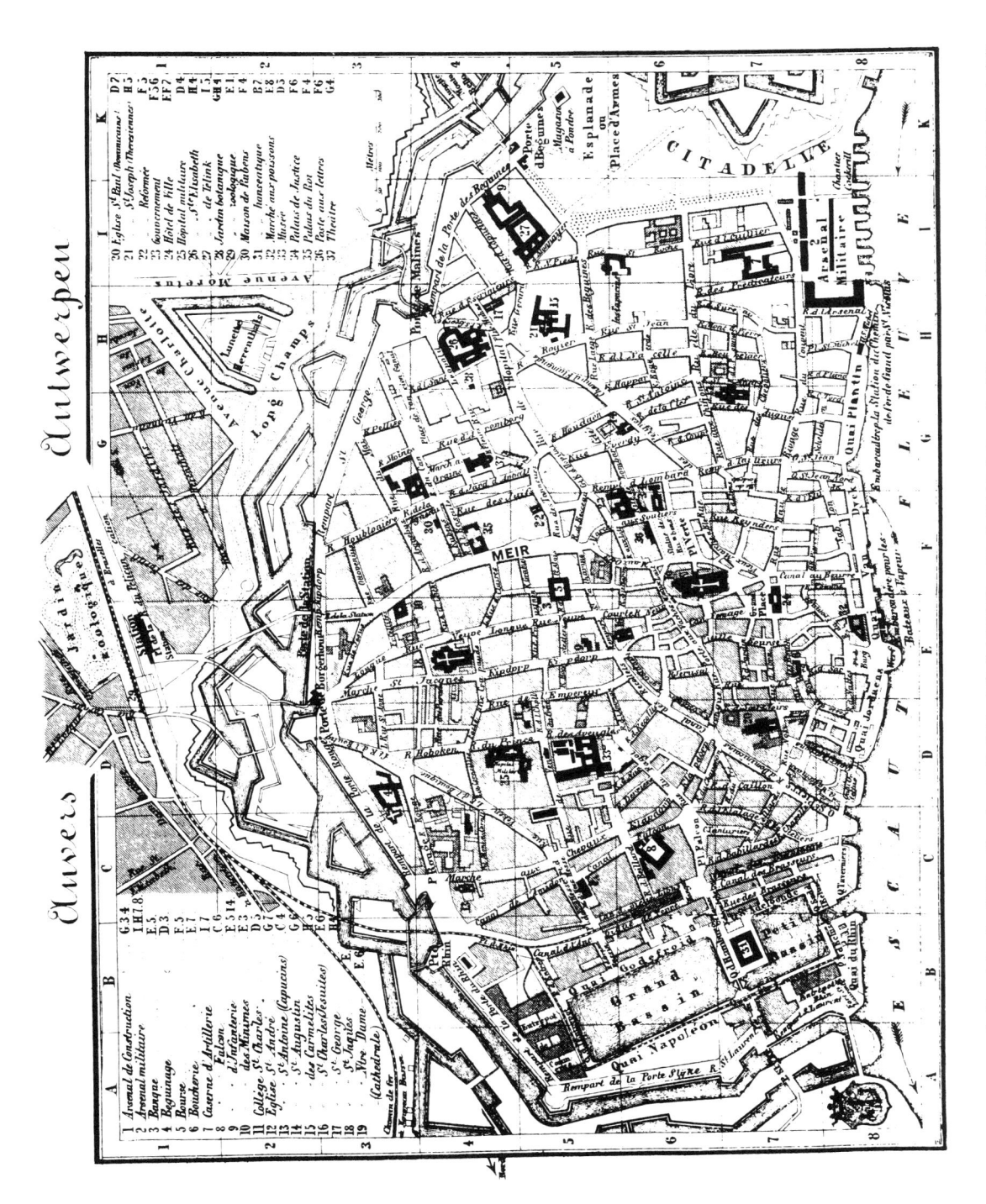

図53 アントワープ (Baedeker), 1862 デ・メールがプラン中央を上下に走っているのがみえる。パーデンマルクト（馬市場）は c4 でスタートする。

# 施設と都市の規模

### 公共建物

私有空間と公共空間との相互関係は，中世都市の形を決定する基本的な要素であった。私たちはすでに，街路・ラルゴそして広場が不規則な形に発達したのは，ひとつには，コミュニティ内で私有空間の獲得をめざして競い合う個人（あるいはグループ）の経済的・政治的な力が相対的に異なっているからだということをみてきた。空地にせよ建築空間にせよ，どれほどの規模のものを獲得できたかということが，競い合う勢力の強さを示す直接の指標となった。

公共側の関心もまた，次第に空地以上のものの要求へ向かうようになっていった。急激に成長する都市の中で無秩序に争い合う力には，制限とか規制が必要だった。そのような規制は，法律とか行政といった秩序だったシステムがあってはじめて実現できる。こうして徐々に整っていった中世都市の体制は，場所によってかなり異なる。大部分の都市に共通しているのは，法律を制定する権力をもった参事会があり，行政・司法・取締の権力をもった役所があるという体制であった。すべての都市に共通していたのは，これらの機能を実行するための公共建築物が必要だということであった。

公共の権力が徐々に強くなると，戸外空間にせよ建物にせよ，公共空間拡大への要求が高まる。こうした拡大への要求を解決していったプロセスを，フィレンツェで特に明確にあとづけることができる。フィレンツェには，あらゆる中世都市の中で最も古く，最も重要な公共建築物がいくつか残っている。興味深いことに，初期の都市参事会はその不定期の会合を，特にその目的のために建設された建物ではなく，個人の建物，ふつうは半分要塞化している塔で開催した。フィレンツェの最古の主要公共建築物であるバルジェルロ（図54）は，1250年からそれほどたたない年にポデスタ podestá とその従者のために，要塞化した住居として建てられた。ポデスタは，1年の任期で任命されたフィレンツェ以外出身の騎士で，法の施行がその役割である[37]。

フィレンツェの町は，長い間に古いローマ時代の核を取り囲む城壁線を越えて成長し，1175年ごろ2番目のアンサーント enceinte（周壁）をつくった（図18）[12]。壁に囲まれた土地のうち，新しく壁内に取り込まれた土地は1250年になっても依然いっぱいになるにはほど遠い状態だった。しかし，町の古い核の中には，新しいポデスタ宮規模の公共建築物のための余地はまったくなかった

---

[37] ポデスタの制度は，フィレンツェ以外にも，12世紀半ばから13世紀にかけて北イタリアの諸都市で実行された。

12 巻末原注参照

のである。そこで，かつての第1の城壁あとにつくられた街路沿いの外側に敷地が求められた。この建物が今までにない規模を有していること，そして拡大した都市外周の規模も今までにない大きさであること，その両方が，急速に成長しつつある都市の中で都市内の諸力が徐々に再編成されていく兆候を示している。

フィレンツェの力を示す偉大な象徴，パラッツォ・デルラ・シニョリアが，都市の体制をめぐるグェルフィとギベリーニ間の半世紀に及ぶ激しい闘いのあと，1300年ごろついに完成したのは，そのころ公権力がこの巨大な建物とともに隣接する広場のための敷地を，都市の中心核内に強制的に獲得するほど強大になっていたからである。

ただし，その場所は古い町の中心ではなく南東の一番隅っこであった（図18）。都市の最も古い部分でのこのような私有空間への公共空間の進出は，なおそのうえに，追放されたウベルティ家の巨大な財産を没収することによってようやく可能となったものである。

ギルドは市民の効率的な政治・経済組織を形成したが，市民は保守的であり，ギルドの力が最も強大になったときでも，ギルドの建物は規模が小さく質素なままであった[13]。典型的には，ギルドの建物は，1階に通常の管理運営のためのギルド・オフィスと記録保管所を，上階にはギルドのコンスルたちの会合のためのサラ・マーニャ（Sala magna；大広間，ふつうは名前が示すほど大げさな大きさはない）をもっていた。イタリア・ドイツ・フランダースの都市でみる大きなギルドホールは，後の時代（15〜16世紀）の産物である。この時代にはすでに，ギルドは徐々に衰微の途をたどっていた。パーキンソンの法則は，衰えつつある中世にもあてはまるのだ。

公共の建築物は公共の必要物であるかもしれないが，多くの公共空地に比較して必ずしも完全に近づいたり通り抜けたりすることが可能だとは限らない。

この意味で，公共建築物は都市の空間組織の中で人々がその周囲を迂回せねばならない特殊な性格を帯びた「官衙街区」を形成しがちである。官衙街区を形成する建物は規模が大きいため，都市組織の中でガンのようなかたまりとなり，周辺の通常の都市活動をにぶらせるのである。レ・スティンケと呼ばれ，フィレンツェ外縁の，財産没収されたウベルティ家の土地に1300年ごろ建てられた大きな正方形の獄舎の街区は，その典型例である。このような不利益を克服するために，どのようにして充分な通行可能性を保障したか興味深い。

フィレンツェのカテドラルは，完全に「公共」の建物であり，歴史上，既存の都市環境の中へ挿入された石造建築のブロックとしては一番大きいものであるが（図18），その巨大な本堂の両側面に，それぞれ2つのドアをつけるという簡単な方法で，この問題を解決した（図55）。現在では，これらの側面のドア（ポ

13　巻末原注参照

ルタ・デルラ・カノニカ）のうち一対だけしか公共に対して開かれておらず，建物はこの後期中世都市を南北にわける巨大な魂としてそびえ立っている。しかしながら，それは本来の姿ではない。4つのドアはすべてが開け放たれ，歩行者は（そして多分，時には荷車やラバでさえも）街路からカテドラルのいずれかの側面へ容易に横断することができた。この大きな構造物は，障害物ではなく，生き生きとした横断交通の場であり，通行者は忙しい往き来の途中，そこにひとときの休息や祈りの時間を見いだすことができたのである。大きな建物は，それが道のまん中の障害物としてではなく，都市機能を果たす装置の容易に入り込める部分をなしているとき，都市への奉仕が最もうまくいくのである。

## カテドラル

この大聖堂によって引き起こされた中世都市の問題をヒントとして，12世紀からの都市変容の性格を知るための手がかりを得ることができる。中世初期の司教の管轄範囲は，ふつう古代後期に起源をもつ。ライン河東部とダニューブ河北部の地域では例外が著しいが，古い司教の教会はふつう古代起源の都市に建っていた。それらは古代都市の縁（ピサ，ローマ）とか，すぐ外側（ウィーン：図14，フィレンツェ：図18）に位置するのが典型であった。そこにはキリスト教徒が集中していたからである（ジュラ・ユーロポスについての議論をみよ，9ページ上）。

封建時代に入り司教の権力が増大するにつれて，カテドラルはしばしば第1回目の拡張を行った。都市が復興すると，司教権力は衰え，一方市民の力が増大した。この市民たちの力は，まずカテドラルのまわりに家族やギルドの礼拝堂を環状に建設するという形で現れた。それはゴシック建築が成長・変化して礼拝上の核とみなされていくプロセスのひとつであった[14]。結局のところ，ゴシック建築と中世都市の建築は同意語となる。ゴシックの芸術と建築は12, 13世紀の都市復興の表現なのだ。司教大聖堂は，都市の象徴，誇り，そして都市の所有物となった。

14　巻末原注参照

## 教　区

カテドラルが市民の誇りであったならば，教区教会は毎日の必需品であった。人々の誕生，人生そして死，つまり彼らの存在そのものが分かち難くその中に結びつけられていた。教区は，その人の法律上の存在が保障される範囲であり，しばしば経済活動を行うことのできる範囲でもあった。契約の合法性は宣誓した副署人たちによって保障され，契約書はしばしば教会の中で書かれた。宣誓が教会の中にある聖遺物にかけて行われたからだ。

教区教会は都市の支配的なファミリーのきまった埋葬場所となっていった。教会に隣接する墓地は貧しい家族のために使われた。教区の市場と教区教会とは，都市を構成する教区単位の商業・宗教・法律の中心であるから，必然的に隣り合わせに立地していた（シュテッティン，図56）。教区の範囲は，通常，封建土地所有に源があった。都市のもつ力とエネルギーの増大が，この教区を，拡張しつつある都市の成長地区を中心とする，より大きくより支配しやすい単位へと変えていったのである[15]。

15 巻末原注参照

### 托鉢修道会

ディオセーズ（司教区）とかパリッシュ（教区）といった古代都市の組織の単位は，成長する市民によって次第に侵食され変化させられていった。しかし，都市の成長は，封建時代には考えられなかった類いの新しい社会問題を引き起こした。問題の根本は，封建秩序自体が徐々に瓦解していくところにあった。商人はギルドによって都市の構成員となり政治に参加したが，都市労働者となった教養がなく文字の読めない農民たちは，飢えと絶望のプロレタリアート層を形成したのだ。それは，いまだかつて体験したことのない規模の社会・政治・経済問題であった。絶望は，典型的には，宗教の異端，つまり既成社会を支えている基盤に対する疑問として現れた。この異端という社会への挑戦に対して，中世後期に導き出された答えが托鉢修道会であった[16]。

16 巻末原注参照

シトー修道会が，処女地の開拓という方法によって衰退せる封建主義の問題に取り組んだのに対し，托鉢修道会は，はじめから都市での救済をめざした。その伝道の使命には2つの要素があった。一つは苦しんでいる人々を助けることと，もう一つは異端を追放することである。苦しんでいる人々と異端とは少なからず一致しているため，托鉢修道会の仕事は，へたをするとやり損なう難しい仕事であった。苦しんでいる人々の中に入り込み，彼らとともに生きていくことのできる人によってのみなしとげられることだったからである。しかし，この不幸を背負った集団は，比喩的な意味でも，文字どおりの意味でも，中世都市社会の周縁に追いやられていた（初期のキリスト教徒が後期古代世界の縁辺に居たように）。托鉢修道会と教会の場所・形態・規模は，この現実に基づいて決定された。

聖フランチェスコ，聖ドミニク，その他の托鉢修道会の会士達が中世都市へやってきたとき，都市は急速な発展のさなかにあった。社会は，社会・政治・宗教の混乱によって騒然としており，都市核内の空間は，カテドラル，教区教会，そして都市貴族層・支配階級の市民たちの建てた塔や住居ですでにいっぱいであった。その古い都市核の縁か脇，たいていはすぐ外側にはすでにベネディクト派の古い教会があった（パリのサン・ジェルマン・デ・プレ：図8）。托鉢修

道会には中心部に残された余地はすでになかったし，また彼らがそこに住みつけたとしても無意味であったろう。彼らが探し求め，また彼らを必要とする人々は，都市の縁辺部かあるいは壁のすぐ外側，フォブールにいたからだ。不動産価値の経済学と単純明快な実用上の利便が，托鉢修道会の獲得する敷地を決定した（ふつうは裕福な貴族からの神聖な贈り物として）。パリとフィレンツェにはこのパターンの典型がみられる。

パリのセーヌ左岸地区は，1200年ごろ，フィリップ・アウグストゥスの壁の中に取り込まれた後でさえも，充分都市化が進まず葡萄園のままであった。主要な道路（サン・ジャック通り）の両側には家が並んでいたが，壁近くのあまり望ましくない地区は人が住みつかぬままであった。ドミニカン（ジャコバン[38]）とフランシスカン（コルダリア[39]）が，13世紀のはじめ，ここを拠点とした。セルヴァイト[40]は商業中心地のまさに縁辺にあたるセーヌ右岸の壁沿いに場所を定めた。カルメライト[41]はフォブール・サン・パウロの壁の外側にとどまった。この場所は，後にセレスチン[42]がとってかわった。

修道会士たちがやってきたころのフィレンツェでは，1175年ごろ建設された第2の壁内部の地域はほとんど埋まっていた。ほんのわずかに残された余地があったとしても，托鉢修道会が最初の出発点とした大きな納屋のような教会を入れるには不充分であった。初期キリスト教時代以来経験したことのない多勢の都市住民へ説教するために必要なのは，巨大なホールだったのだ[17]。フィレンツェの大きな托鉢修道会のすべて，サンタ・マリア・ノヴェルラ（ドミニカン），サンタ・クローチェ（フランシスカン），サンテッシモ・アヌンツィアータ（セルヴァイト），オニサンチ（オセルヴァンティ[43]），サン・スピリト（アウグスティニアン[44]）そしてカルミーネ（カルメライト）は，その創立時代には壁の外だった（図19, 20）[18]。これら教会の正面には，特徴的な大きな公共空間があるが（フィレンツェ；ピアッツァ・サンタ・クローチェ，ピアッツァ・サンタ・マリア・ノヴェルラ，ピアッツァ・デル・カルミーネ），それらは古い壁の門の外側にあったフォブール市場の名残りである。

托鉢修道会が騒然としたフォブール社会へ安定性をもたらした結果，フォブールの政治・経済的な力が成長したといってよいだろう。この力のゆえに，最後にはフォブールを新しい壁の中へ繰り込むことがフォブールの住民にとってばかりでなく，都市全体にとっても重要な課題となったのである。

## ホスピスとホスピタル[45]

都市はさまざまな問題をかかえている。飢えている者には食糧と一時的なシェルターが，病人や死にそうな人には病院が，そして死人には墓地が必要である。ある意味では，これらはすべて，老廃物をいかに効率的に排出するかという問

38) ドミニコ会修道士。ジャコバンともいう。ドミニコ会は，ドミニクス創立の清貧と研学を基礎とする修道会。

39) フランシスコ会修道士。フランシスコ会はアッシジの聖者，フランチェスコを創立者と仰ぐが，やがて清貧の解釈をめぐり厳格派と穏建派に分裂。1517年以降，前者の原始会則派が主流を占める。彼らを通称コルダリアと呼ぶ。

40) 聖母（マリア）下僕修道会の会員。1233年フィレンツェに始まるアウグスティヌスの規律による修道会。1424年，托鉢修道会に加えられた。

41) カルメル会修道士。パレスチナ，カルメル山で十字軍が隠修共同生活を始めたのを出発点とするが，十字軍敗北とともに西欧に移り，托鉢修道会の形式をとって広がる。1245年托鉢修道会に加えられ，パリへは1254年に修道院建設。

42) 13世紀に教皇ケレスティヌス5世が創始したベネディクト派の流れをくむ修道会，ケレスティヌス修道会。

17 巻末原注参照

43) オセルヴァンティ Osservanti は伊語で英語ではオブザヴァンティン Observantine。フランシスコ会の中で特に戒律を厳守する「原始会則派」。1897年以来この名称は用いず，現在のいわゆるフランシスコ会（＊2参照）。

題と関連している。ゴミと下肥は壁の外へ運び出して捨てられた。街路のゴミや汚物は雨によって洗い流された。河は交通路としてよりも，ふたのない排水路としていっそう重要であった。増大する人口，貧弱な衛生設備，害虫，不潔な水のために繰り返し病気が流行した。14世紀に入ると，この問題は悲惨な事態に至り，黒死病（ペスト）の流行（1348〜49年）で絶頂に達した。

ホスピス（宗教的動機に基づいて設立された宿泊所）が都市のまわりに点々と建てられた。それらは，通常，門の近くにあって，巡礼者や浮浪者を収容し，無料で食料と家を与えた。ホスピタル[46]は，中庭に面して男女別々の長い病棟をそなえ，ときには道に面してロジェをもつ建物で，敬虔な寄贈者によって，彼ら自身の土地か，壁のそばか外の安い土地に建てられた。半宗教的規律の下で組織されたボランティアの看護婦たちが，病人や死にそうな人の面倒をみた。その費用は寄付と遺贈からの収入によってまかなわれた。

## 大 学

中世における学問は，古代法・哲学・文学・科学をキリスト教神学と融合させることによって系統化することであった。封建時代にはベネディクティンによって，修道院の学者や牧師たちの限られたサークルが発達した。

都市は，公的・私的を問わず実務の運営のために，もっと多勢の訓練された法律家，公証人，書記を必要とするようになった。パリ，パドヴァ，ボローニャに設立された大きな大学，そして13世紀中ごろ以降，他の都市で設立されたもっと規模の小さい大学が，こうした要望にこたえていった。その敷地は，ふつう寄贈された土地で，修道院や病院と同じパターンに従った。たとえば，パリでは大学を構成する数多くの独立したカレッジが，あまり開発のすすんでいない南部の托鉢修道院の建物の間に建てられた。そのセーヌ左側は，やがて単に大学地区として知られるようになった。王宮と司教座教会はシテ島にあったし，商人の都市はセーヌ右岸であった。学生たちは，メロヴィング朝時代のサン・ジェルマン教会の壁の陰，ビュシィ門の外にあるプレ・オ・クレール（学者たちの原っぱ）でくつろぎ，遊び，論争しあったのである（彼らは今日に至るまでその周辺に集まっている）。

---

44) アウグスティヌス会修道士。アウグスティヌスの共住生活規則による修道会。会派はいくつかあるが，このうち托鉢修道会は1567年ピウス5世により加えられたアウグスティヌス隠修士会。

18 巻末原注参照

45) ホスピス Hospice もホスピタル Hospital も語源は，ホテル Hotel やホステル Hostel と同じラテン語の hopes（＝guest of thj hosts）

46) 中世のホスピタルは単なる病院ではなく，救貧院，収容所，孤児院，捨子養育院，旅行者・巡礼者の宿泊所など多様な機能をもっていた（N. Pevsner: A History of Building Types, p. 139)。

図54 フィレンツェ，バルジュル Zocchi view, 1754ごろ

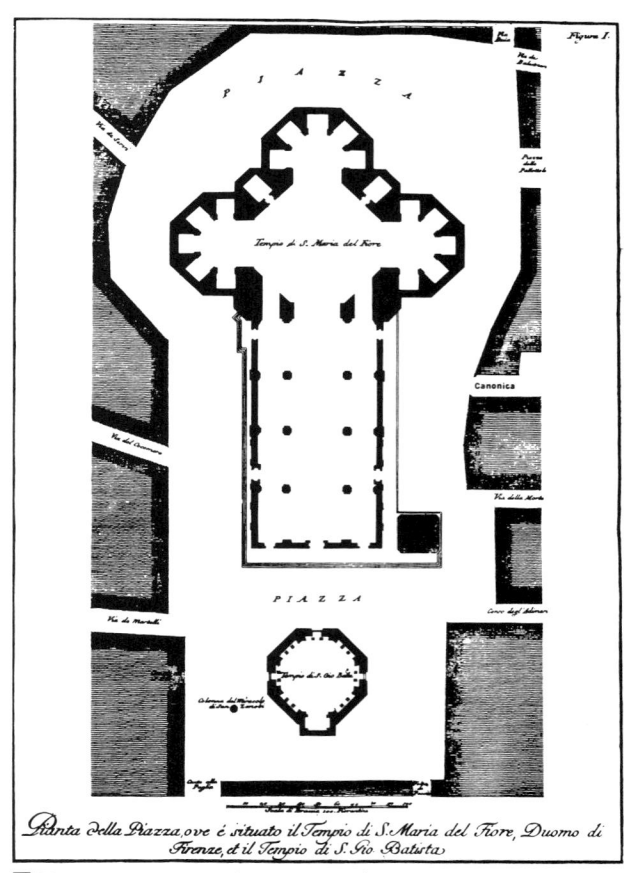

図55 フィレンツェ，ピアッツァ・デル・ドゥオーモ, 1733

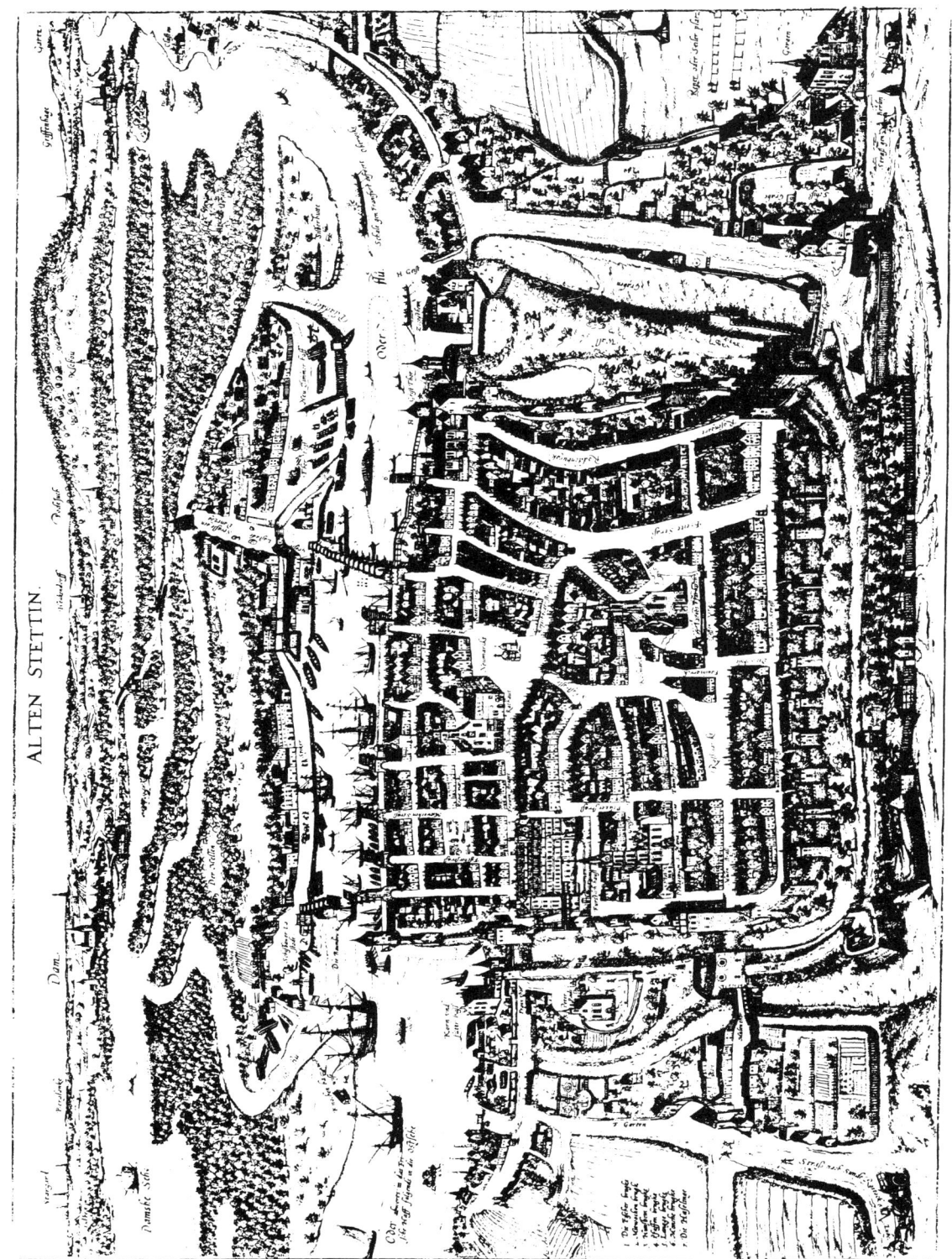

図56 シュテッティン (Braun and Hogenberg) 16世紀後期。隣りに市場をもつ教区教会・聖ヤコブが中央下方に、墓地をもつ教会が右下方にある。

# 都市と反都市——中世都市を解体させた反都市的要素

**封建諸侯と都市**

中世都市は商人の道具であった。しかし，都市がよってたつところの土地も，その周辺の田園も，彼らのものではなかった。中世都市発展のずっと以前に確立された法律的特権は，そのゆるやかな成長期にも衰退期にもしっかりと生き残ってナポレオンの時代までついに消滅することはなかった。権力者たちの富と力は，卓越した軍事力によって得られた土地所有権に基づいており，本来，反都市的なものであった。しかし，土地を所有しているのが彼らである以上，市民は彼らの軍事力を打ちまかすだけの力をもっていなければ，共存せざるをえない。そして市民が充分な軍事力をもつというケースは，ふつうはなかった。私たちは，中世都市を次のような形で理念化し論じてきた。自由で独立した都市国家は，市民の手で市民のために発達し，その周囲に広い範囲にわたって農地を支配するようになっていったと。しかし，この理念は，イタリアとアルプス以北のほんのひとにぎり，それも最も強力な都市によってのみ達成されたにすぎず，多くの場合は，土地をもった貴族との血なまぐさい闘いを経てようやく実現したのであった（イタリアのグエルフィとギベリーニの戦争）。アルプス以北，とりわけ中央ヨーロッパでは，世俗的・宗教的な貴族・諸侯と彼らの要塞化した住居が中世都市の重要かつ特徴的な要素として残った[19]。

19　巻末原注参照

封建諸侯と都市住民との利害は，たとえあからさまな闘いに至らなくとも対立していた。中世において，領土をもつ権力者は，職人でも商人でもなかった。彼らは市民とは異なった法律にしたがっていた。したがって，彼らの都市における存在，そして都市にとっての価値は，必然的に周縁的であった。遅かれ早かれ両派は，ある程度は互いに有益な共存へと落ち着くことになったが，基本的な対立は残った。

貪欲な寄生虫として，「防御」とひきかえに通行税と市場税の分け前にあずかりながらも，都市の中には封建権力者のための適当な場所がなかった。たとえばブルグ Burg とタウンが別の存在であったというのは，その特徴的な例である。岩だらけの丘にある要塞は，タウンとそこへ向かう道路を支配した。その陰によりそうようにしてあるタウンは，それが要塞に物理的に依存していたことをいまだに思わせる（アヴィニョン：図13，ザルツブルグ：図57，テュービンゲン：図50，ハイデルブルグ：図58）。パリやベルリンでは，封建領主 seigneur（セニョール）

は島にいて，商人の都市とは分かれ，都市に対して要塞化していた。しかし，市民たちは充分に力を蓄えると，権力者の塔をぶち壊し貴族たちを追い出してしまった（たとえば，フィレンツェ，シエナでは13世紀の終わり）。

諸侯が都市へ住むようになっても，彼らの存在の基盤は軍事的な機能にあったから，城壁沿いかそのすぐそばに居をかまえるのが論理的にかなっていた。すでにフィレンツェのバルジェルロ（「平和の守り手」として正式に招聘された非フィレンツェ人貴族の邸宅）の場合でみたように，要塞化した貴族住宅のための余地は都市には残されていなかった。貴族は都市の縁に居なければならなかったのである（ナンシー：図59）。招聘されるか，強制されるかして，封建権力者たちは多くの中世都市で同じようなパターンにしたがった。とりわけ，ミュンヘンの場合が明快なパターンを示している（図46）。ミュンヘンでは，諸侯の住居が壁の拡大とともに外へ移った。13, 14世紀のヴィッテルスバッハ家の住居，旧宮殿（アルター・ホフ）は，内側の壁の攻撃されやすそうな東はじにあった。ルネサンスに入るとその新宮殿（ノイエ・レジデンツ）は，再び拡張した壁の同様の位置を占めた。王宮庭園（ホフガルテン）は壁の外に設けられた。

16世紀，フランス国王の住居となったルーブルの城（図8），ウィーンのホーフブルグ（図14），シュテッティン（図56），シュトゥットゥガルト（図60）も同じパターンであった。ルネサンスの諸侯や新しい都市貴族の力が次第に国家全体の財源を基に成長し，14世紀以降，都市の独立性が衰えてくると，諸侯・貴族の住宅もまた庭と付属建物を備えた大きくて荘麗なものとなった。それはやがて，都市という有機的存在とその成長にとって巨大なガンのような障害物となる。しかし，そのころにはすでに，都市は市民の手を離れており，状況はフランス革命まで変わることがなかった。

## 衰　退

自由な中世都市を支える政治的理想そして理想的物理形態は，都市を使用する人々はすべて平等である，つまり平等に市民であるという一般通念を基本にしていた。しかし，11世紀に入るとすぐ，市民のある者は他の者よりも「いっそう平等である」ということが決定的にあきらかになってくる。中世都市の歴史を特徴づける政治組織，そして果てしない都市内抗争とは，このような現実の産物であった。同業者仲間，すなわち彼らのギルド組織の特定のもの，たとえば織物製品の大規模な輸出入とか銀行業に携わっている人々は，都市の経済を支配した。一方，小さな商業ギルドは，経済的にも政治的にも従属的な役割を果たすにすぎなかった。織物や染色など比較的大きな工業で働く手工業者は，多くの場合，同業者仲間の組織を形成することが許されず，選挙権もまったく与えられなかった（たとえばフィレンツェ）。

14世紀の中ごろまでに，都市壁内の市民には少なくとも3つの主要な階層ができあがっていた。少数の上流階級で，寡頭政治を執る裕福な商人と不動産や投資からの収入で暮らす都市貴族，少数の商人および職人からなる中産階級，都市社会の縁辺部で生活する，数は多いが政治的・経済的には弱体な，労働者よりなる下層階級である。この都市プロレタリアートによって引き起こされた社会的・政治的問題についてはすでに述べた。しかし，発展過程にあった中世後期の都市に特徴的な刻印をきざみつけたのは上層階級であった。

比較的少数の都市では，封建領主や14世紀のイタリア都市で頻繁に登場する成りあがりのコンドティエリ condottieri[47] による支配からまぬがれて上層階級が入れ替っていったが，それはその地位がノヴィ・ホミネス novi homines[48] に開かれているからであった。ただし，都市貴族の地位が13世紀終わりになると公式に固定されてしまったヴェネツィアは別である。しかしながら，この時代の苛酷な経済競争は，必然的により少数で強力な商人による寡頭政治を，そしてついには1人ないし2～3人の強力な個人（メディチ，フッガー）による支配を導いた。このような独裁制の展開が，後期中世都市の形態と機能に決定的な影響を与えた[20]。

このプロセスが建築の上に現れたものとして最も明白かつ重要なのが上流階級の住宅規模の変化である。14世紀最後の四半世紀になると，指導的な商人と都市貴族は，今までよりずっと大規模の都市邸宅の建設を始めた。主な問題は，昔からある，狭い家がぎっしりと詰まった古い都市の中に，充分な建設用地を獲得することができるかどうかであったが，それも圧倒的な経済・政治力によって解決可能となったのである。

15世紀中ごろになると，寡頭政治家の都市邸宅は，規模ばかりでなく機能と外観の上でも変化した。指導的な商人の仕事場である銀行のテーブルは，おのずと中央市場を取り囲む古い都市のまさしく核の中にあった。そしてあらゆる市民と同様に，もともとは彼らも店の中や上階で生活していたのである。しかし，どんな強大な力をもった貴族でも，これら古い敷地の上に大きな新しい家を建てようとは本気で考えられなかった。混雑する古い中心街の中に充分な建物用地を獲得することは経済上できなかった。そんなことをしたら市場を解体してしまうだろう。市場は都市の利益を生み出す心臓部なのだ。こうした結果として，新しい邸宅は活動力の乏しい都市の縁辺部に発達した。

このような発展によって，必然的に中世都市の歴史の中ではじめて住居と仕事場の分離がもたらされた。その過程の最初の兆侯が，初期ルネサンス都市のリーダーであったフィレンツェに現れたことは偶然の一致ではない。メディチ家は銀行と住居を古い市街地のまさに中央部，メルカト・ヌォーヴォの近くにかまえていた（図19，図20）。一族の財を築き上げたジョヴァンニ・ダヴェラル

47) 傭兵隊長

48) 貴族の出ではなく，はじめて高位官職に就任した人。

20 巻末原注参照

ド・デ・メディチは，最後まで伝統を守り，決して町中の古い家からの移動を考えなかった。この昔ながらの秩序は，彼の息子コジモによって変えられた。1430年代に，彼は中心から離れたかつての第2の市壁の線に沿うラルガ通りの自分の所有する2，3の家の周囲を買収した。1450年ごろミケロッツィ設計による大邸宅が完成。これは古典的ルールを適用した新しいルネサンスの都市邸宅として最初のものであり，おそらくは最も重要なもののひとつである[21]。コジモは何度も，彼の新しい家の隅のロジェで顧客と合っている。ただし，銀行は古い場所にそのまま残された。歴史は曲がり角にかかったのだ。住居と店，生産と消費の分離。市民は郊外からの通勤者となる。次の世紀を特徴づける郊外への移動の開始。それは中世都市終焉の端緒でもあった。

21　巻末原注参照

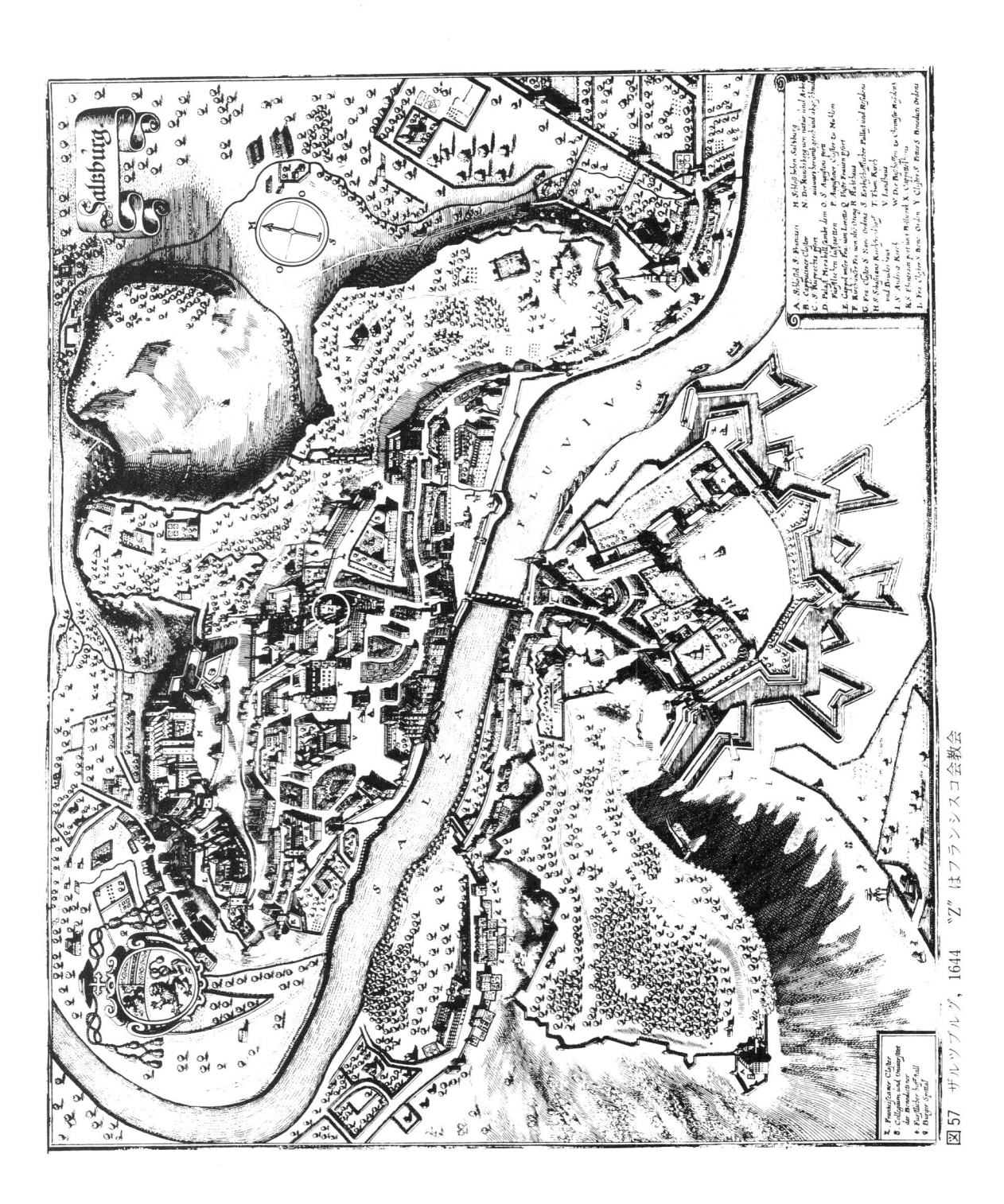

図57 ザルツブルグ, 1644 "Z"はフランシスコ会教会

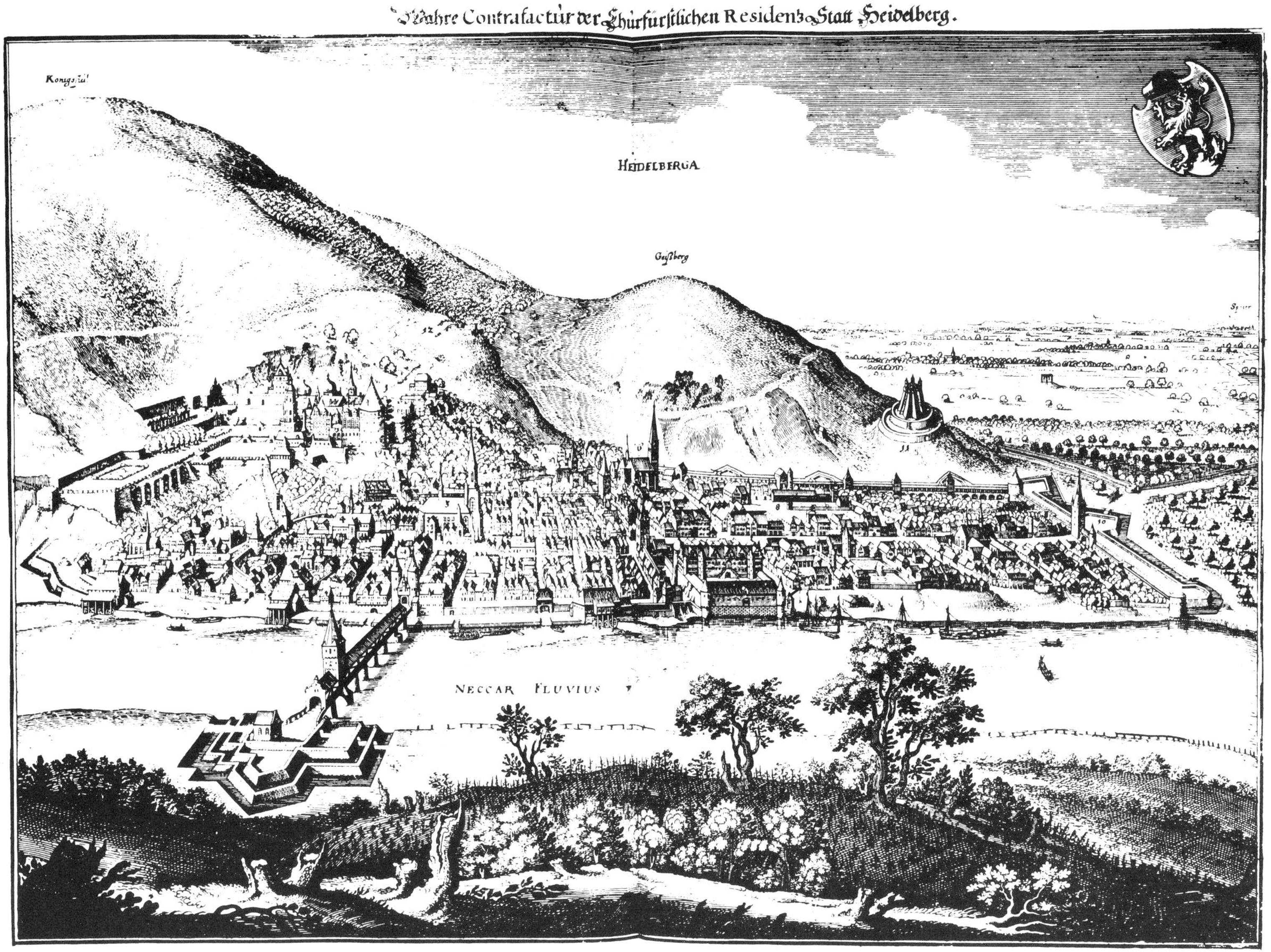

図58 ハイデルベルク, 1645

NANCEIVM NANCY.

| | |
|---|---|
| 1. La Poste de Nostre Dame. | 10. Hospital S. Julien. |
| 2. Les Cordeliers. | 11. La porte de S. George. |
| 3. Nostre Dame. | 12. L'Église Primatiale. |
| 4. L'Hostel Ducal. | 13. Les Jesuurguises. |
| 5. S. Epure. | 14. Le Maunez. |
| 6. Les Dames Peschères. | 15. S. Sebastian. |
| 7. S. George. | 16. L'Hostel de Ville. |
| 8. Tiennes plan. | 17. La poste de S. Jean. |
| 9. Porte S. Nicolas. | 18. Les Capucins. |
| 19. Les Jesuittes. | |
| 20. La poste S. Nicolas. | |
| 21. S. Michel. | |
| 22. La grande Escuyerie. | |
| 23. L'Arcenac. | |
| 24. L'Esnappe. | |
| 25. Fondament des Neuen Domtich. | |
| 26. Mosell flu. | |
| 27. Du Cindel | |

図 59 ナンシー, 1645

図60 シュトゥットガルト，1643

図 61 ライプツィヒ，1650

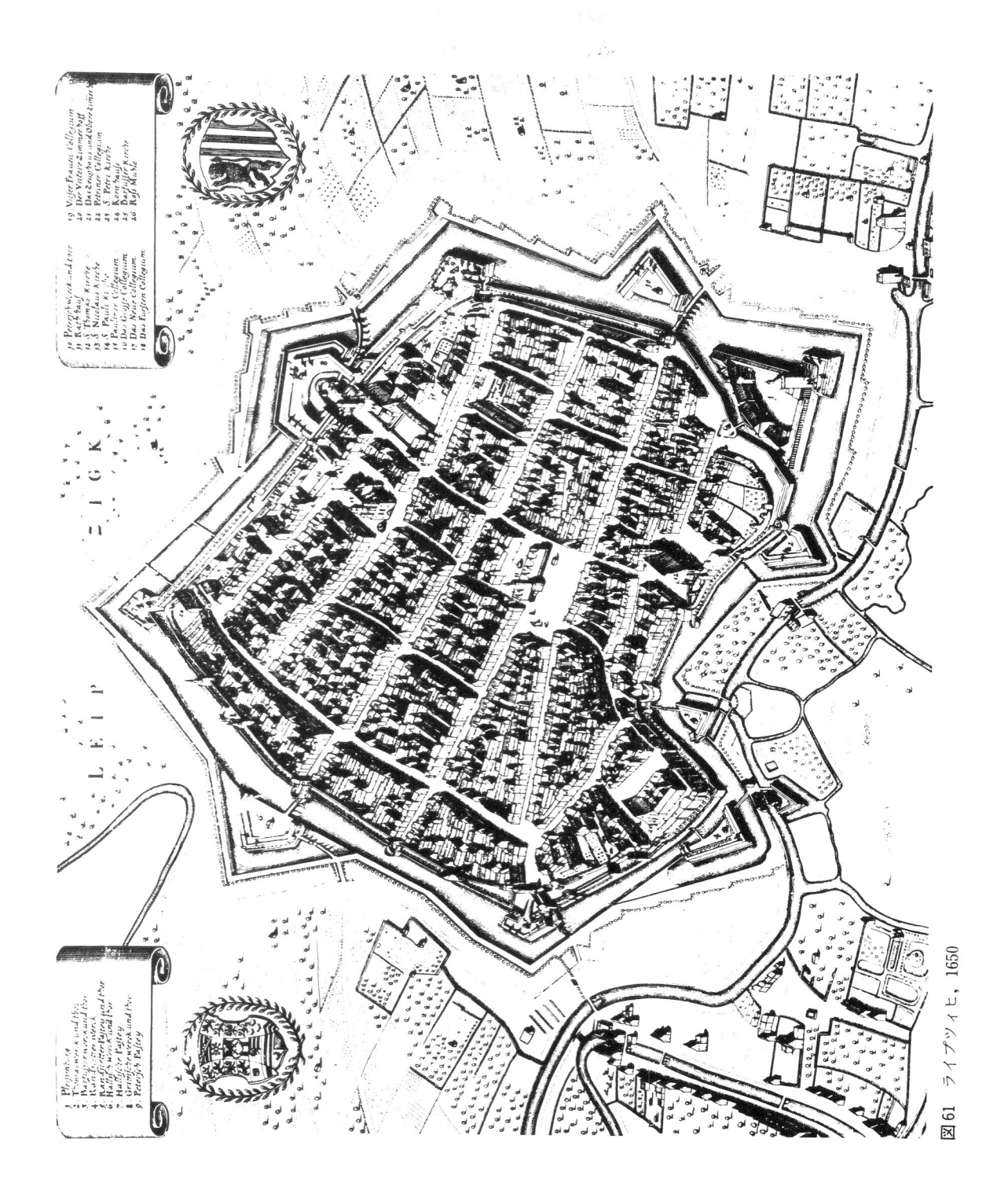

## 付1　計画都市

12世紀以降，イタリア・フランス・ドイツの都市や諸侯の援助のもとで広々とした平野一帯に発達した植民「新都市」は，私たちの議論の主要な関心事であったゆるやかな有機的発達から生成されたパターンとは異なり，「都市計画」による都市づくりの例である。これら計画都市は，文献上ようやく注意をひく対象となってきており，いっそうの研究を必要とするが，次の諸点は指摘しておいてよいだろう。

新都市のメインストリートの市場と整然とした中央広場を含む格子状のプランは，ローマの植民都市のパターンに従ったもの。ローマ植民都市は大部分が存続しており，モデルとしての役割を果たした。中世都市の大部分がこのパターンに従わなかったのは，中世都市の形を決定した社会ダイナミックスが異なっていたためで，古代からの伝統に気がつかなかったためではない。プラーニッツが，中世都市に広まった程度の差はあってもおおよそ三角形か楔形をした市場も計画された配置の結果である，としたのは誤りであると思う（Planitz；Die deutsche Stadt im Mittelalter, 2nd ed., Graz-Köln, 1965, pp. 94f）。

一般現象としてみれば，これら計画都市が建設されたということは，ヨーロッパの政治・経済組織が変わりつつあった兆候である。つまり，地域単位（主要都市に経済的・政治的に従層する広域）の支配から，完全な中央のコントロールのもと，国家全体の経済資源開発をすすめてゆく国家支配への変化。この意味では，計画都市は「中世」というよりも「ルネサンス」の現象である。初期「新都市」のいくつかは商業センターとしてつくられた（フライブルグ・イム・ブリスゴウ　1120年ごろ，ライプツィヒ　1180年ごろ：図61；リューベック 1158年ごろ）。しかし，1200年以降の大部分の新都市の設立目的は，主に周辺の非都市地域の政治支配を確実にすることにあって，ほとんど自治権をもたないばかりか，中心都市の単なる前哨地点にすぎなかった。これら後期「新都市」の多くは発達が遅く，主要建物の大部分は14世紀後半ないし15世紀以降建設された（詳しい年代はたいていわかっていない）。大部分が土地もち貴族の残党から小農民を守るための軍事要塞であって，壁や稜堡がまず，植民者によって築かれたのである。建物を建てるための土地を無料で与えるほか，建てる家への税金を一生免除するというような税制上の優偶措置をとることによって，植民者たちを中心都市からひき離し迎え入れることが，これら新都市の人口をふやすために必要だった。現実の都市が備えている装飾，たとえば公共建物，教会，病院などは，つくられたとしてもずっと後の時代であった[22]。

はじめから固定的に計画されコントロールされていたので，これら新都市は，ほとんど独立都市となるポテンシャルをもっていなかった。そして後の時代に重要性を帯びてくることもめったになかった。ライプツィヒ（図61）とリューベックは，例外的にすぐれた立地条件にあったことと，計画が既存集落への付加という形で行われたため，大都市に発展した数少ない例外である。ツェーリンゲン公によって設立されたフライブルグ・イム・ブリスゴウも，例外の方だ。これらの都市の固定的レイアウトが，その発達や，都市としての最終的な成功または失敗にどれくらい寄与したか，または足をひっぱることになったか，研究してみる価値があるかもしれない。

22　巻末原注参照

## 付2　文献ノート

中世都市に関して，さまざまな立場から取り扱っている文献は広範に及ぶ。その著者たちは，ほとんど例外なく，政治史・社会史・経済史の専門家で，制度としての中世都市には関心をもっているが，建築形態としての中世都市にはほとんど関心を示さない。しかし，この事実は驚くに値しない。なぜなら，学者たちが観察の基本としているのは触れることの可能な証拠物件であって，それらは，憲章，手紙，契約，法律，科学論文，年代記，詩，貨幣，そしてさまざまのありふれた物や芸術品の形をとっているからである。一方，中世都市の形態とか，1200年以前の重要な時代におけるゆるやかな発展について触れることのできる証拠となるとほとんどない。起源がローマの前線キャンプまでさかのぼる中世都市の場合は，通常，明らかにローマンプランの整然とした輪郭が，成長しつつある中世都市の核として残っている。しかし，このことから，これらローマンタウンに古代以降付加されたものとか，古代以降の都市一般とかが備えている古代都市とはまったく異なった性格が説明されるわけではない。全体として，同じことは古代都市の文献についてもあてはまる。今までは，ギリシャおよびローマ時代の規則的都市プランに注意が向けられすぎたが，少なからずあった古代の不規則な都市を分析することで，ようやく突破口が開かれた（R. Martin, L' Urbanisme dans la Grèce Antique, パリ，1956を参照のこと）。

多くの学者たちがこの問題を避けてきた一方で，観念の斧を砥ぎすましてきた「都市計画家」や美術史家たちは，彼らが仮説的に築きあげた芸術上の原理を演繹すべく中世都市の分析を行ってきた。それはカミロ・ジッテの時代以来つづいている（Der Städtebau nach seinen Künstlerischen Grundsätzen, ウィーン，1889；大石敏雄訳「広場の造形」，東京，1968）。ジッテを継承する人も批判する人も，この方法に従って都市の部分の詳細なプラン（街路，交差点，広場など）をスケッチし，さまざまな配置によって生み出される視覚的印象を分析してきた。この学派の最近の成果としては，W. Rauda, Raumprobleme im europäischen Städtebau, ミュンヘン，1956がある（G. R. Collins, Camillo Sitte and the Birth of Modern City Planning, ニューヨーク，1965, p. 135, no. 95.を参照のこと）。

# 原注

1. F. W. Walbank, "Trade and Industry under the Later Roman Empire in the West," *Cambridge Economic History of Europe,* II, 1952, pp. 33ff. ローマ帝国がその晩期に直面していた問題についての,最近の研究成果をみわたすのによい。
2. この分野における最近の研究成果を概観するには *Cambridge Economic History of Europe*, Vol. II, 1952 and Vol. III, 1963. を見るとよい。
3. H. Planitz, *Die Deutsche Stadt im Mittelalter,* 2nd ed., Graz-Köln, 1965, pp. 35ff.
4. H. Saalman, *Medieval Architecture,* New York, 1962, pp. 14ff.
5. 獲得された金銀塊は,修道院の貨幣鋳造所で鋳造された。その貨幣の使い道は,修道院があらゆる封建支配者と同様にいだいていた主な経済目標——付属の支配地を手に入れ自給自足を行うこと——を達成するためであった。貨幣鋳造所所有者としての修道院については,*Cambridge Economic History of Europe,* III, 1963, p. 581, as money lenders: ibid., pp. 440ff.
6. 中世およびルネサンスの都市で古代の建築形態がどう継承されたかについては *The Golden House of Nero: Some Aspects of Roman Architecture,* Ann Arbor, Mich., 1960.
7. そのような知識を得るための重要なステップは,Abbé Adrien Friedmann が,彼のスタディ,*Paris, ses rues,, ses paroisses du moyen âge à la Révolution. Origine et évolution des circonscriptions paroissiales,* Paris, 1959. で踏みだした。
8. たとえば E. A. Gutkind, *Urban Development in Central Europe,* London, 1964, App. IV, "Residential Strongholds for Local Magnates," は,ドイツのそのような都市に関するもの。それらの多くはイタリアの都市に残っている。
9. K. Weidle, *Die Entstehung von Alt-Tübingen,* Tübingen, 1955.
10. もともと,キルヘ通りの出口は幅半分しかなかった。Weidle, *op. cit.,* p. 50.
11. W. Braunfels, *Mittelalterliche Stadtbaukunst in der Toskana,* Berlin 1953.
12. R. Davidsohn, *Geschichte von Florenz,* I-IV, Berlin, 1896-1927.
13. ギルドに関しては *Cambridge Economic History of Europe,* III, 1963, pp. 230ff. を参考のこと。これには広範な文献リストがついている。
14. Saalman, *Medieval Architecture, p. 40.* を参照のこと。

15. *Friedmann, op. cit.* を参照のこと。
16. キリスト教の修道院制度の歴史は，キリスト教東洋においては，古代後期に始まる。そこでは，孤立と禁欲の中でおくる隠遁とした生活が特徴であった。大勢の修道僧たちが重要な聖地の近くや殉教者の教会のまわりに住みついたらしい。しかし，おのおのは自分個人の小さな小屋にひきこもっており，他の人々とは，ときおり，祈禱式で交わるだけであった。一方，聖ベネディクトに導かれた西洋の修道院制度は，共同生活による修道院であった。つまり，修道院の中での規則正しい生活が特徴であって，ブラザー達がときに共同の宿舎で，ときには選出された修道院長の監督の下，同じ屋根の下の個室で一緒に生活を送ったのである（ここから，このような修道院は "abbeys" と呼ばれた）。regula つまり規則によって，起きているときの活動と睡眠時間が定められた。ベネディクト派の規律では，ブラザー達に laborare et ordre（労働と祈り）が課せられていた。世俗世界から離れること，独立することは，ベネディクト会士達の目標であった。彼らの修道院は，学問のオアシスとなった（修道院の図書館を拡充するために古今の書籍をコピーすることが主な仕事であった）。経済的自立は，修道院自身の土地や工場で食糧，ワイン，薬，衣服，羊皮紙などを生産することによって実現された（ザンクト・ガレンのプラン，図4は，そのような修道院の中でも最も早く，最も重要なプラン）。しかし，個々の修道院がまさに自治的であるがゆえに，修道院は貴族のパトロンや設立者による政治勢力侵透の容易な標的となった。王家の息子達は修道院で教育を受けた。修道院長にはしばしば王家の一員がなった。修道院は，世間からの隠遁所であると同時に，カロリング朝政治の道具であった。

8世紀の終わりから，ベネディクト派修道会は数多くの内部変化を経験，さまざまな改革修道会が分派した。世俗のパトロンに頼ることが修道院生活の世俗化を導きがちであったため，新しい修道院は「ひもつき」の世俗からの援助を避けようとし，忠誠心を向ける方向を，そのころ次第に力を蓄えつつあったローマ教皇へ変えていった。領地・仕事，その他の世俗的なかかわりあいを含む経済的自立（これら全部をやめてしまうわけには決していかないが）から，学問と祈りへ，修道院の重点は移った。全権をもつ修道院長の下では，おのおのの修道院が有する自治は，完璧であるがすぐに腐敗堕落に結びついてしまう。そこで，よりいっそう強力な総修道院長による中央集権化された国際的コントロール下へ（それゆえに容易なことでは堕落しない）と変わっていった（クルニュー派改革運動）。クレルヴォーの聖ベルナールの劇的な指導に導かれたシトー派は，封建的な社会・政治組織の硬直化したパターンがこわれ始めた12世紀に最も強い影響を与えた。シトー派は，都会から遠く離れた修道院で，純粋さを再生すること，禁欲すること，そしてキリスト教的理想への献身することを説いた。その修道院は，しばしば，処女地を切り開き耕作に従事する開拓者達のコミュニティであった。

これら修道会のすべてに共通していることは，修道院という範囲の中で規

律正しい生活をおくるという点だった。しかしながら，急速に増大し，しばしば異端の形をとる都市住民によって提起された精神的・物質的問題と挑戦とは，このような伝統的修道院では解決できなかった。都市では，まったく新しいやり方で献身的生活をおくる，新しい種類の修道会士の登場をまたねばならぬ。このような挑戦にこたえて広まったたくさんの修道会は，12世紀の終わりから13世紀の初めにかけて聖フランシス，聖ドミニクその他によって設立されたもので，多くの共通する性格をもっていた。必要なことは，世間からの孤立ではなく，世間へ熱心に入ってゆくことであった。民衆の中へ入り込むための合理的な方法は，ブラザー達に働くという規律を与えることよりも，生活の糧を求めて托鉢することであった（ラテン語のmedicare（乞う）から"mendicant orders"（托鉢修道会）という言葉が生まれた）。粗い茶か白の布をまとい，ベルトの代わりにロープをまき，革靴の代わりに簡単なサンダルをはいた（ある派では裸足）托鉢僧達は，キリストの敬虔さを生きた姿を体現したものだ。しかし，彼らが注意を向ける主要な対象の貧しい人々やしいたげられた人々とは意識的に区別していた。彼らは，慈善行為の機会があれば施しができるというような人々を助け，自分達のわずかな必要を最小限にとどめて，残りを貧しい人々に分けてあげた。彼らの修道院は都市の周縁にあった。そこには貧しい人々が集まっており，修道会の大きな納屋のような教会に人々を集め，地獄の責め苦についての説教を行った。しかし，托鉢修道会の主な伝道は，修道院の外で行われた。修道会士達は，毎日出かけていって，祈りと睡眠のためだけに戻ってきた。

社会秩序の維持という問題は，しかしながら複雑であった。手助けとか迫力のあるお説教だけではオーソドックスな信仰へ向かわなかった人々も，権力によっては向かわざるを得なかった。つまり，教皇は，これら修道会に異端裁判所の仕事をまかせ，異端者達の生死を決定する権限を与えた。この権力は，13，14世紀にきわめて効果的に用いられた。騒然とした大衆に近づいていった修道会士達は，現に起こっていることすべてを知っていた。そして，必要なところでは助けを与え，謀叛や異端が発生しているところではそれを取り締まった。

都市の力が衰えてくると，托鉢修道会も衰退した。国民国家の登場（そして国家的異端；フスの反乱，ドイツ，オランダ，イギリスの宗教改革の発生）とともに，国家とか国際的な力という高いレヴェルに基づく新しい修道院活動が必要とされた。イエズス会が主導した反宗教改革の大修道院は，その反応であった。彼らはローマカトリック教会の持続に大きな役割を果たした。

組織は一度つくられれば，跡かたなく消えてしまうことはない。托鉢修道会は今日まで生き残ってきた。異端審問こそ過去のこととなったが，ブラザー達は現代の大都市の中で慈善と情けの仕事を続けている。

17. R. Krautheimer, *Die Kirchen der Bettelorden in Deutschland,* Cologne, 1925.

18. ザルツブルグの中心部にあるフランシスコ派教会は，このパターンの例外と思われる。それは，本来教区教会で，16世紀にフランシスカンに与えられたものである（図57）。

19. J. U. Nef, "Mining and Metallurgy in Medieval Civilisation," *Cambridge Economic History of Europe,* II, 1952, Section IX : "The Growth in the Authority of the Prince, " pp. 480ff.

20. Gene A. Brucker, *Florentine Politics and Society,* 1343-1378, Princeton, 1962.

21. H. Saalman, "Tommaso Spinelli, Michelozzo, Manetti, and Rossellino," *Journal of the Society of Architectural Historians,* XXV, 1966, pp. 160ff.
 フィレンツェの中世後期とルネサンスについての興味深い比較については，H. Baron, *The Crisis of the Early Italian Renaissance,* rev. ed., Princeton, 1966, pp.202-203.

22. M. Richter, "Die 'Terra Murata' im florentinischen Gebiet," をみよ。トスカナのそのような都市に関する初歩的なスタディとしては，*Mitteilungen des Kunsthistorischen Institutes in Florenz,* V, 1940, pp. 351ff.

# 参考文献

この文献リストは，中世都市の政治・社会・経済的背景とそれに関連する問題を取り扱っている基本文献に関する簡単な手引きである。一般的な最新のレヴューについては次の本をみられたい。これには広範囲にわたる文献リストが含まれている。The Cambridge Economic History of Europe, M. Postan et al., eds., Cambridge (England), Vol. II, 1952；III, 1963.

### 古代――中世都市の背景

Charlesworth, M. P., *Trade Routes and Commerce of the Roman Empire*, 2nd ed., Cambridge, 1926.
Frank, T., *Economic History of Rome*, 2nd ed. Baltimore, 1927.
Frank, T., *Economic Survey of Ancient Rome*, 5 vols., Baltimore, 1933–1940.
Rostovtzeff, M., *The Social and Economic History of the Hellenistic World*, 3 vols., Oxford, 1941.
Rostovtzeff, M., *Social and Economic History of the Roman Empire*, Oxford, 1926.
Walbank, F. W., "Trade and Industry under the Late Roman Empire in the West," *Cambridge Economic History of Europe*, II, 1952, pp. 33f. 主な問題に関してのすぐれた概説書。
Ward-Perkins, J. B., "Early Roman Towns in Italy," *Town Planning Review*, XXVI, 1955–1956, pp. 127–154. 本シリーズ中の『古代ギリシアとローマの都市』参照。

### 古代の終焉

『ヨーロッパ文化発展の経済的社会的基礎』(野崎直治，石川操，中村治訳；1980年，東京，創文社)
Lot, F., *La fin du monde antique et le début du moyen âge*, Paris, 1927.
Pirenne, H., *Mahomet et Charlemagne*, Paris, 1937; English ed.: *Mohammed and Charlemagne*, Meridian Books, New York, 1957.

### カロリング朝の問題

Bloch, M., "Le Problème de l'Or au Moyen Âge," *Annales d'Histoire Sociale et Économique*, V, 1933.
Dopsch, A., *Die Wirtschaftsentwicklung der Karolingerzeit*, 2 vols., 2nd ed., Weimar, 1922.
Grierson, P., "Money and Coinage under Charlemagne," *Karl der Grosse, Lebenswerk und Nachleben*, W. Braunfels, gen. ed., I, Düsseldorf, 1965, pp. 501–536.
Pirenne, H., *Economic and Social History of Medieval Europe*, (English transl.), London, 1936.

### ピレンヌについて

Lopez, R. S., "Mohammed and Charlemagne: a revision," *Speculum*, XVIII, 1943, pp. 14–38.
Mundy, J. H., Introduction to H. Pirenne, *Early Democracies in the Low*

*Countries*, New York, 1963.

Postan, M., and R. S. Lopez, "The Trade of Medieval Europe," *Cambridge Economic History of Europe*, II, 1952, pp. 119ff.

中世都市とその起源

Ennen, E., *Frühgeschichte der europäischen Stadt*, Bonn, 1953.
Mundy, J. H. and P. Riesenberg, *The Medieval Town*, Princeton, 1958.
Petit-Dutaillis, C., *Les communes, caractères et évolution des origines au XVIIIe siècle*, Paris, 1947.

『中世都市―社会経済史的試論』（佐々木克己訳；1970年，東京，創文社）

Rörig, F., *Die europäische Stadt und die Kultur des Bürgertums im Mittelalter*, Göttingen, 1955.

ベルギー： Vercauteren, F., *Étude sur les civitates de la Belgique Seconde*, Brussels, 1934.

イギリス： *Borough and Town. A study of urban origins in England*, Cambridge, Mass., 1933.

フランス： Ganshof, F. L., *Étude sur le développement des villes entre Loire et Rhin au moyen âge*, Paris-Brussels, 1944.

ドイツ： Planitz, H., *Die deutsche Stadt im Mittelalter*, 2nd ed., Graz-Köln, 1965.

イタリア： Mengozzi, G., *La città italiana nell alto medio evo*, 2nd ed., Florence, 1931.

Braunfels, W., *Mittelalterliche Stadtbaukunst in der Toskana*, Berlin, 1953.

スペイン： Balbas, L. Torres, "La Edad Media," *Resumen historico del Urbanismo en España*, Madrid, 1954.

Jurgens, O., *Spanische Städte. Ihre bauliche Entwicklung und Ausgestaltung*, Hamburg, 1926.

ヨーロッパ中世都市の最近の研究： Institut für geschichtliche Landesforschung des Bodenseegebietes in Konstanz, *Studien zu den Anfängen des europäischen Städtewesens*. Vorträge und Forschungen, IV. Lindau-Constance, 1958.

中世都市の図解による調査： Gutkind, E. A., *Urban Development in Central Europe*, London, 1964; and later volumes in Gutkind's *International History of City Development*.

教区と都市の発展： Friedmann, A., *Paris, ses rues, ses paroisses du moyen âge à la Révolution. Origine et évolution des circonscriptions paroissiales*, Paris, 1959.

中世都市の人口： Lot, F., *Recherches sur la population et la superficie des cités remontant à l'époque gallo-romaine*, 2 vols., Paris, 1944–46, 1950.

都市計画と中世都市

Brinckmann, A. E. *Stadtbaukunst, Geschichtliche Querschnitte und neuzeitliche Ziele*, Berlin-Neubabelsberg, 2nd ed., 1922.
Sitte, C., （付2の文献ノート参照）

『都市と広場―アゴラからヴィレッジグリーンまで』（大石敏雄監訳；1975年，東京，鹿島出版会）

中世都市研究のための地誌的資料

Braun, Georg, and Hogenberg, Franz, *Beschreibung und Contrafactur der vornembster Stät der Welt*, 1574. (Facsimile ed., Verlag Müller & Schindler, Plochingen, 1965).

Hollar, Wenzel: H. Appel, *Wenzel Hollar in Düren. Die topographischen*

*Darstellungen Dürens bis zum Jahr 1664*, 1957; A. M. Hind, *Wenceslaus Hollar*, London 1922.
*Merian, Mattheus: Merian Europa*, Bärenreiter Verlag, Kassel, 1965.
マチウスおよびカスパー・メリアンによる図，マーティン・ツァィラーによる解説のオリジナルはすべて，Bärenreiter Verlag・Kasselから，1961年より原本通り複製され再版されている。

個々の都市の図集には，通常，より以前のプランや眺望図を複製したものが含まれている。

# 図版出典リスト

数字は図版番号を示す。

Baedeker, *Belgique et Hollande* (1862): 53
Courtesy Bärenreiter Verlag (Wilhelmshöhe, Germany): 5, 11, 13, 15, 17, 26, 30, 38, 41, 42, 57, 58, 59, 60, 61
Braun and Hogenberg, *Beschreibung und Contrafactur der vornembste. Stät der Welt* (1574): 8, 21, 22, 25, 29, 47, 52; (1590): 23, 56
Courtesy Bolletino della commissione archeologica communale d Roma, Italy; MacDonald, *The Architecture of the Roman Empire* Yale University Press (New Haven 1965): 2
Bürger- und Verkehrsverein, Tübingen: 50
Courtesy Dura-Europos Publications: 3
Foto-Walterbusch, Coesfeld, Westphalia: 43
Istituto Geografico Militare, Florence, Italy: 19
Munich Alte Pinakotek: 16
Nelli-Sgrilli: 55
Rossini, *Le Antichità di Pompei* (1830): 1
Howard Saalman: 7, 48
Stiftsbibliothek, St. Gallen, Switzerland: 4
Tempesta, *Romae Prospectus* (1593) (Schück Facsimile 1915): 44
Weidle, *Die Entstehung von Alt-Tübingen*, H. Laupp'sche Buchhandlung (Tübingen 1954): 51
Zeiller, *Topographiae* (1649): 6, 9, 10, 12, 14, 18, 24, 27, 28, 31, 32, 33, 34, 35, 36, 39, 40, 45, 46

# 訳者あとがき

　中世への評価やイメージが近代以降，人々の中でどのように変わってきたのか，とても簡単にとらえきれそうにもないが，興味深い問題である。少なくともその評価が，否定されるべき暗黒の時代というイメージとロマンチックなあこがれの時代というイメージの両極端の大きな振幅の間を揺れ動いてきたということは確かなようである。そして今日のわれわれにとって中世はどちらかというと後者であるらしい。言うまでもなく，その背景には，現代社会における疎外，高度の工業化，環境破壊や汚染など現代文明のもつさまざまなひずみがある。その中世主義も，しかし，ゆきすぎると妙なことになる。ルネサンスやバロックの都市までもが「中世都市の旅」として売り込まれているヨーロッパ旅行のポスターなどは最も珍妙な例といえるだろう。

　そこまで極端にいかなくとも，われわれが中世の姿だと思っていた町が実は後の時代のものであるということがこの本で指摘されている。歴史や経済学の分野の書物では具体的にとらえ難かった中世都市のイメージを正確なものとしてくれるのが，この本のまず第一の特徴と言ってよいだろう。

　実際，著者の中世都市への態度は，決してあこがれに流されるようなものではなく，きわめて冷静である。人間味あふれる空間とされる中世都市も，それを生み出したメカニズムから見れば一定の必然性の結果だというわけだ。

　「中世都市の歴史では，人々は都市の中へ入り込もうとし，都市からは出まいとした」「都市の中にのみ，都市外の土地にいる貴族・軍人そして農奴の生活とは対照的な，物資とサービスの生産および交換に基づいた生活をおくるための条件と施設があった。この点こそが，第一義的に，中世都市の根拠だった」

　これは，原書のカバーの折り込みに引用されている文章である。「都市とは，物資とサービスの生産および交換のための道具である」このすぐれて機能主義的な定義が本書の全体を貫いている。

　ついでに，カバー折り込み紹介文のつづきの部分を訳出しておこう。図書館で本を整理するとき，カバーは取り除いてもこのような部分は切り抜いて本体に張りつけておくのが普通である。本の内容をとらえるためのひとつの貴重な資料にはちがいない。

　「サールマン博士の記述と分析は，都市への交通流を守ったり制御したりする橋・門・壁のもつ特徴的な形態，建物を拡張しようとする力と道路や市場を拡

張しようとする力の間に働く空間上の緊張関係，そして公共的・宗教的施設の位置・様式・規模に及ぶ。これらはすべて空間構造を機能へどのように適応させていったかを示している」

「中世都市は都市史の中で特別の場所を占めている。というのは，ローマ帝国の衰退とともに，都市化の偉大な時代が死に絶えてしまったからである。そして 11 世紀に入ってようやく，商業の拡張と都市成長の新しいプロセスがはじまり，都市の時代が再び訪れた。サールマン博士のスタデイが関心を寄せるのは，この成長の展開過程である」

このように，本書の立場も構成もきわめて明快である。しかしそれだけに，もの足りなさを感ずるのはひとり訳者のみではないだろう。建築の問題に限ってみても，もっと建築と都市のかかわりあいが空間構成という観点からふれられていてもよいのではないかと思ってしまう。もっともこの小冊子にそこまで要求するのは過大すぎるのかもしれない。

ハワード・サールマンは，カーネギー・メロン・ユニヴァーシティの建築史のプロフェッサー。"The Grieat Age of Waorld Architecture" の「中世建築」およびフィレンツェの Church of Santa Trinita and the Bigallo に関するモノグラフの著者であり，またこのシリーズの『パリ大改造』も書いている。現在の主要研究テーマはルネサンスの建築家，フィリッポ・ブルネレスキとのこと。

最後に訳について。以前にちょっと読んだことがあるというだけで，浅学も顧みず訳をひきうけてしまった。分量も少なくすぐ終わるだろうとたかをくくったのも事実。しかし案に相違してヨーロッパ各国にまたがる内容を，訳本として完成するためには深い教養と時間を要することに気付いたときはもう遅かった。そんなわけで，不明な点をあちこちの人に聞いてまわる結果となり，多くの方々をおさわがせした。山田学氏はじめ東大大谷研究室のめんめん，特にフランス，ベルギーについて鈴木隆さん，後藤哲男さんにお世話になった。テュービンゲンについては，当地で研究活動に従事されていた慶応大学の渋谷堯さんにいろいろ教えていただいた。またイタリアに関しては法政大学の陣内秀信氏，ウィーンについて明治大学の川向正人氏に御教示いただいた。この場を借りて厚く御礼申し上げます。

なお，見出しが原書では単純すぎるものがあり言葉を補った。また，原書ではイタリック体で表記された単語があり，おそらく著者が用語として強調したかったものと思われるので，訳文ではそれに従って原語を付しておいた。

1983 年 3 月　　　福川裕一

# 索 引

## ア――オ
アヴィニョン　図3（12）
アウグスティニアン（修道会）　92
　「托鉢修道会」もみよ
アウグスブルグ　図29（55）
アドリア海　17
アーヘン　14，図24（49），図25（50）
アムステルダム　図5（21）
アメリカ合衆国，19世紀の南部　8
アントワープ，マルシェ・オ・ポワッソン　69，図52（86），図53（87）
イギリス海峡　17
イスラムの発展　13
　内部統合　17
　海賊行為　17
イタリア
　イタリア沿岸　17
　グェルフィとギベリーニの闘い　89，96
　交易　17
異端　91
　異端審問　原注16（108）
異端審問　原注16（108）
　「托鉢修道会」もみよ
市場
　植民都市における市場　70，付1（105）
　フォブールの市場　25，92
　門のすぐ内側にできた市場　72
　市場広場　72-76
　市場の名称　69
　教区の市場　91
　初期集落の縁辺部に発達した市場　73
　テュービンゲンの市場　74
イングランドのノルマン人征服　17
インド諸国法　70
ヴァイデル，K.　74
ウィーン
　ホフブルグ　97，図14（37）
ヴェネツィア
　ヴェネツィアの海上での役割　17
　ヴェネツィアの貴族　98
　ラスキンのみたヴェネツィア　19
　ソットポルティコ sottoportico　72
ウベルティ家（フィレンツェ）　89
ウルム　図37（64）
ウルリッヒ，ヴィッテムベルクの君主　74
　「テュービンゲン」もみよ
衛生施設　92
エーベルハルト・イム・バルト伯（ヴェルテムベルク君主）　74
　「テュービンゲン」もみよ
オセルヴァンティ（オブザヴァンティン）　92
織物産業　97

## カ――コ
会則　Regula（ベネディクティンの）原注1（107）
　「ベネディクティン」もみよ
街路
　街路の形態変化　75
　街路空間にかんする法律　71
　街路の輪郭　71
　じょうご型街路の形成　72
　街路幅　71
街路沿い集落　73
河川（中世都市における）　22
カッセル　図40（67）
カテドラル（大聖堂）　90
　チャペル（付属礼拝堂）　90
　カテドラルの拡張　90
　古代都市における立地　90
　カテドラルの変化から読みとれる中世の都市問題　90
カピトリア（ローマ）　73

「ローマ帝国」もみよ
壁　22-27
　壁をこわす　26, 72
　壁の大きさ　23
　壁の拡張　23, 25
　壁の費用　23
　16-17世紀における壁　26
　住居として用いられた壁　72
カルメライト（修道会）
　パリにおけるカルメライト　92
　フィレンツェにおけるカルメライト　92
　「托鉢修道会」もみよ
カロリング朝時代　13
　アーヘン　14
　建築　14
　教会　14
　宮廷の儀式　14
　宮殿　14
　文化生活　14, 17
　大使　14
　理想　13
　礼拝　14
　商人　13
　商人の居住区　13
　修道院　14
　都市　13
　交易　13, 14
　都市生活　13
　都市人口　14
　壁の修復　13
　「ベネディクト派修道院」「ザンクトガレンのプラン」もみよ
カントヴィク（オランダ）　17
機械化　8, 9
教皇権　17, 原注16（108）
教区教会
　教区境界　91
　教区教会の中世都市における役割　90
橋頭堡　26
ギリシャ都市　8
ギルド　89
　記録保管所　89
　コンスル（執政官）　89

　ギルドホール　89
　大ギルドと小ギルド　97
　事務所　89
　サラ・マーニャ　Sala magna　89
銀行業　97
　銀行の立地　98
グェルフィとギベリーニの闘い　89, 96
クルニュー修道会　原注16（108）
　「修道院制度」もみよ
計画都市　付1（105）
契約の署名　90
公共建物
　公共建物の立地　20
　公共建物の規模　20
工業化（古代における）　8
交通
　交通の費用　9
　機械化された交通　9
公証人　93
黒死病　93
ゴスラー　図43（68）
ゴチック建築（都市現象としての）　90
コブレンツ　図7（29）
コペンハーゲン，ニュトー　69
コルダリア（フランシスカン）　92
コローニュ　27
　コローニュとドイツ　27
　ホーエンツォルレン橋　27, 図42（68）
コンキスタドール　70
コンスタンス　図20（44）
コンスタンチヌス帝時代
　教会　14
コンスタンティノープル　17
コンドティエリ　Condottieri　98

サ——ソ
ザルツブルグ，フランシスコ会教会　原注16（108），図57（100）
ザンクト・ガレンのプラン　14, 15, 原注16（108），図4（16）
サン・ジェルマン・デ・プレ（パリ）の大修道院　17, 91
サンタ・マリア・デル・フィオーレ（フィレンツェ）　89

ポルタ・デルラ・カノニア　89
サント・ジェヌヴィエーヴの大修道院　17
サン・ドニ（パリ）の大修道院　17
シエナのカンポ　76
ジェノヴァ　17
シトー修道会　91，原注16（108）
　「修道院制度」もみよ
資本投下（植民都市への）　70
市民権（中世都市における）　97
ジャコバン（ドミニカン）　92
宗教　8，9
十字軍　17
修道院制度の歴史　原注16（108）
　「托鉢修道会」もみよ
シュトラスブルグ　19，図26（51）
シュトゥットゥガルト　97，図60（103）
ジュネーブ　図27（52-53），図28（54）
殉教者を崇敬する礼拝堂
　コンスタンティヌス帝時代の場合　14
　カロリング朝時代の場合　14
巡礼者（都市における）　93
消費（都市における）　13
植民都市
　植民都市の市場広場　70
　中世の植民都市　70，付1（105）
　植民都市が成功するか失敗するかの理由　70
　ローマ帝国の植民都市　70，付1（105）
　スペイン帝国の植民都市　70
　「計画都市」および「都市計画」もみよ
人口増加（12〜13世紀における）　26
　人口増加でひきおこされた流行病　93
神聖ローマ帝国　17
新都市（バスティッド）　付1（105）
スペインの植民都市　70
税
　橋の通行税　26
　ニュータウンの居住者に対する税の免除　付1（105）
　通門税　23，25，26
　封建諸候の取り分　96
生産
　カロリング朝時代の生産　13
　11世紀における生産拡大　18
中世都市における生産場所の立地　69
ローマ時代の生産　8-9
聖ドミニク修道会　91，原注16（108）
　「托鉢修道会」もみよ
セヴィリア　図21（45）
セルヴィット（聖母下僕修道会）　92
　「托鉢修道会」もみよ
セレスティン　92
　「托鉢修道会」もみよ
セント・バーナード（クレルヴォーの）原注16（108）

## タ——ト

大学
　中世都市における役割　41
　大学の立地　41
托鉢修道会　91，92
　托鉢修道会の歴史　原注16（108）
　托鉢修道会のフォブールにとっての重要性　92
　修道院の立地　91-92
　教会の規模　91
旅役者　70
地中海　8
　地中海におけるイスラムの発展　13，17
　地中海における交易　13
中世都市
　中世都市における古代のカピトリア　73
　銀行業　97，98
　橋頭堡　26-27
　カテドラル　90
　墓地　91
　市民権　97
　階級差　97-98
　政治体制　89
　衰退　97-99
　流行病　93
　フォブール faubourg　22-27
　都市空間の形成　70
　門　23
　ギルド　89
　中世都市における居住　69-70
　ホスピス　92
　ホスピタル　92
　住宅　19

法津家　93
ラルゴ　Largo　72
封建諸侯　96
商人による寡頭政治　98
公証人　93
都市邸宅　98
教区境界　90
教区教会　90
中世都市における農民，役者そして行商人　70
巡礼者　93
計画規制　71, 88
人口爆発　26
資料の問題　19
中世都市における生産と交易　69-70
公共建物　20, 88-90
中世都市における公共空間　69-76
中世都市内の不動産価値　92
宗教建築　20, 90-92
衛生施設　92
街路　71
中世都市の地誌的分析　20
塔　20, 22
都市参事会　88
大学　93
壁　22-25
中世都市における大規模輸出入業者　97
中世都市における労働者の地位　98
チューリッヒ　図32 (59)
ツェーリンゲン伯　付1 (105)
テュービンゲン
　アマル河　74
　アマルシュタット　74
　ホーエンテュービンゲン城　74
　コレギウム・イルストゥレ（旧フランシスコ会修道院）　74
　公爵居住都市としてのテュービンゲン　74
　ファウレス・エック　74
　ハーク通り　75
　ヒルシュ通り　75
　ホルツマルクト　75
　キルヒ通り　75
　クローネン通り　74, 75
　クルメ橋　75
　マルクト通り　75
　市場広場　75
　ネッカー通り　74
　ネッカー河　74
　ネッカーシュタット　74
　市庁舎　75
　聖ゲオルク僧会教会　74
　ヴァイナー通り　75
デュラ・ユーロポス　9, 図3 (12)
「ヘレニズム都市」もみよ
テレニア海　17
塔
　13世紀における住まいとしての塔　20
　都市壁　22
　ウォーター・タワー　22
都市
　都市の失敗を示す指標　7
　都市の定義　7
　都市の特別な法津上の地位　23
　都市の展望図　20
　「中世都市」もみよ
都市化　8-9
　都市化のパターン　20
　計画的な都市化　70, 88, 付1 (105)
　都市の復活　8, 9, 10, 14
　都市の停帯　17
都市空間
　都市空間の性格　69-76
　都市空間の通り抜け可能性　69
都市計画
　中世の都市計画　付1 (105)
　中世都市における都市計画の法津　71
　ルネサンスの都市計画　71
　ローマ帝国の都市計画　9
都市邸宅（後期中世都市における）　98-99
　古典的ルールの適用　99
都市の上層階級　98
　上層階級の住宅　98-99
都市の中産階級　98
都市プロレタリアート　91
　フォブールにおけるプロレタリアート　92
　中世都市におけるプロレタリアートの政治的位置　98

ドイツ王朝　17
ドプシュ，アルフォンス　13
トリエール　図34（61）
トルコ人　17
ドレスタット（オランダ）　17
トレド　図47（80-81）

## ナ——ノ
ナポレオンの時代　96
ナンシー　図59（102）
ニュルンベルグ　19
　　コルンマルクト　72，図45（78）
農民（都市における）　70，72
ノヴィ・ホミネス　Novi homines　98
ノルマン人　17
ノルマンディ　17

## ハ——ホ
ハイデルベルグ　図58（101）
ハイルブロン　図35（62）
橋　20，26
　　橋の上に並ぶ家　71
パドヴァ大学　93
ハムブルグ　図31（58）
パリ　17，20，93
　　カルメライト　92
　　セレスティン　92
　　商業中心地　92
　　コルダリア（フランシスカン）　92
　　フォブール・サン・パウロ　92
　　シテ島　93
　　ジャコバン（ドミニカン）　92
　　セーヌ左岸　92，93
　　レ・アル　75
　　ルーブル　97
　　プラス・ド・グレーヴ　75
　　プラス・モーベル　75
　　ビュシー門　93
　　プレ・オ・クレール　93
　　セーヌ右岸　92
　　サン・ドニ通り　76
　　サン・ジャック通り　76
　　サン・ジャック・ラ・ブシュリー　76

セルヴァイト　92
　　大学　93
　　フィリップ・アウグストゥスの城壁　76，92
バルセロナ　図30（56-57）
バルチック海　17
蛮族の侵入　13
反都市主義（専制君主による）　96
ビザンチン帝国
　　イタリアにおける守備隊　17
　　「コンスタンティノープル」もみよ
ピレンヌ，アンリ　13
フィリップ2世（アウグストゥス，フランス，1180-1223）のパリの城壁を建設（1200，35，40ごろ）　76，92
フィレンツェ　20，88-90，92
　　バルジェルロ（ポデスタ宮）　88，97
　　ピアッツァ・デル・カルミーネ　92
　　カテドラル　「サンタ・マリア・デル・フィオーレ」をみよ
　　政治体制　88
　　フォブール広場　92
　　グェルフィとギベリーニの闘い　89
　　ギルドホール　89
　　ギルド　89
　　フィレンツェにおける托鉢修道会　92
　　メルカト・ヴェッキオ　69
　　ピアッツァ・オニサンチ　92
　　都市邸宅　98
　　ローマ時代の核　88
　　サンテッシモ・アヌンツィアータと広場　92
　　サンタ・クローチェと広場　92
　　サンタ・マリア・ノヴェルラと広場　92
　　パラッツォ・デルラ・シニョリアと広場　89
　　スティンケ　Stinche（牢獄）　89
　　都市参事会　88
　　ウベルティ家　89
　　壁　88，92
　　労働者の地位　97
　　「メディチ家」をみよ
フォブール　22-27
　　橋頭堡に発達したフォブール　26
フッガー家　98
不動産価値（中世都市における）　92

フライブルグ・イム・ブリスゴウ　付1（105）
ブラウン，G.（とF. ホーヘンベルグ）　20
プラテア　Platea　73
フランクフルト・アム・マイン　図38（65），図39（66）
フランス
　　カペー朝　17
　　カロリング朝　17
　　「パリ」もみよ
フランス革命　97
ブール　Bourg（壁で囲まれた）　73
ブルジョア（の定義）　25注
ブレスラウ（図22）　46-47
ブレーメン（図10）　33
ベネディクト派修道院
　　カロリング朝の政策の道具としてのベネディクト派修道院　原注16（108）
　　ベネディクト派修道院の立地　91
　　サン・ドニ（パリ近郊）　17
　　サント・ジェヌヴィエーヴ（パリ）　17
　　サン・ジェルマン・デ・プレ（パリ）　17
　　「修道院運動」もみよ
ベネディクト派修道会　91
　　その歴史　原注16（108）
　　修道院の立地　91
　　会則　原注16（108）
　　「ベネディクト派修道院」もみよ
ベルリン　96
ベルン　図36（63）
法律家　93
封建諸候
　　封建諸候の反都市的性格　96
　　市民との闘争　96
　　要塞　96-97
　　都市内の宮殿　97
封建制度
　　封建制度の崩壊　17
　　封建制度における土地所有　91
　　封建制度と都市教区境界との関係　91
　　封建制度の残存　96
ホスピス
　　ホスピスの費用　92
　　ホスピスの立地　92
ホスピタル　93

ホスピタルの無料サービス　93
　　ニュータウンのホスピタル　付1（105）
墓地　91, 92
北海　17
ホーヘンベルク，F.（とG. ブラウン）　20
ホラー，ヴェンツェル　20
ボローニヤ（の大学）　93
　　「大学」もみよ

## マ――モ

マインツ　図12（35）
マグデブルグ　図15（38）
ミュンヘン
　　旧宮殿（アルター・ホフ）　97
　　新宮殿（ノイエ・レジデンツ）　97
　　王宮庭園（ホフ・ガルテン）　97
メケロッツォ・ディ・バルトロメオ（ミケロッツォ・ミケロッツィ）　99
メディチ家　98
　　コジモ・デ・メディチ　99
　　ジョヴァンニ・ダヴェラルド・デ・メディチ　98
　　パラッツォ・デ・メディチ　99
メリアン，マテウス　20
モスクワ　図11（34）
門　23
　　通門税　23, 25, 26
　　門の内側の広場　72

## ヤ――ヨ

ユダヤ教徒（カロリング朝における）　13
要塞　96

## ワ――ヲ

ワグナー，リチャード　19
渡し船　27

## ラ――ロ

ライプツィヒ　付1（105），図61（104）
ラスキン，ジョン　19
ラルゴ
　　変形してゆくラルゴ　76
　　ラルゴの発達　72-73
　　じょうご型空間としてのラルゴ　72

ランス　図33（60）
リエージュ　図17（39）
流行病　93
リューベック（付1）　105
ルイ6世（フランス国王，肥満王とも）によるレ・アル市場設置（1137年）　75
ルツェルン　図9（32）
ルネサンスにおける規則的計画の復活　15, 97
礼拝形式　14, 38
牢獄（フィレンツェのレ・スティンケ）　89
ロシア　17
ローマ
　初期の眺望図　20
　カンポ・ディ・フィオーリ　69
　トラヤヌス帝のフォルム　14，図2（12）
　教皇権　17
ローマ帝国
　農業　8
　アパート　9
　建築　9
　軍隊　9
　職人　8
　蛮族の侵入　13
　浴場　9
　建築材料　9
　競技場　9
　都市　8
　植民都市　70，原注1（107）
　田園の別荘　9
　ローマ帝国の衰退　13
　技術　9
　言語　9
　法律　8
　法廷　8
　生活水準　9
　市場広場　8
　商人　8
　神秘的宗教　9
　港湾機能　8
　宗教　8
　道路システム　8
　世俗的生活　8
　海浜のリゾート　9
　貯蔵基地　8
　神殿　9
　劇場　9
　都市計画　14
　交通　8
　都市化の程度　10
ローマの都市
　「ローマ帝国」もみよ
ロンドン　図23（48），図41（66-67）
　ヘイマーケット　69

[訳者略歴]

福川裕一（ふくかわゆういち）
- 1950年　千葉に生れる
- 1972年　東京大学工学部都市工学科卒業
- 1978年　東京大学大学院工学研究科博士課程修了（工学博士）
- 1982年　千葉大学工学部講師
- 現　在　千葉大学大学院工学研究科・教授

- 1998年　都市住宅学会賞（論文賞）
- 2000年　建築学会賞（ホイアン町並み保存プロジェクト）
  - 都市計画学会賞・石川賞（『ぼくたちのまちづくり』出版）

著書　『歴史的町並み事典』（共著，柏書房）
　　　『ゾーニングとマスタープラン：アメリカの土地利用計画・規制システム』（学芸出版社）
　　　『ベトナム・ホイアンの町並みと建築』（編著，昭和女子大学国際文化研究所紀要Vol.3）
　　　『ぼくたちのまちづくり』（全4冊，青山邦彦絵，岩波書店）
　　　『都市を保全する（都市工学講座）』（共著，鹿島出版会）
　　　『持続可能な都市』（共著，岩波書店）ほか

- 本書の複製権・翻訳権・上映権・譲渡権・公衆送信権（送信可能化権を含む）は株式会社井上書院が保有します。
- JCOPY 〈社出版者著作権管理機構 委託出版物〉
  本書の無断複写は著作権法上での例外を除き禁じられています。複写される場合は，そのつど事前に社出版者著作権管理機構（電話03-3513-6969，FAX03-3513-6979，e-mail: info@jcopy.or.jp）の許諾を得てください。

## 中世都市〈新装版〉

2011年8月25日　第1版第1刷発行

著　者　ハワード・サールマン
訳　者　福川裕一
発行者　関谷　勉
発行所　株式会社井上書院
　　　　東京都文京区湯島2-17-15　斎藤ビル
　　　　電話(03)5689-5481　FAX(03)5689-5483
　　　　http://www.inoueshoin.co.jp/
　　　　振替00110-2-100535
装　幀　高橋揚一
印刷所　秋元印刷所
製本所　秋元印刷所

ISBN 978-4-7530-1167-4　C3052　　Printed in Japan